Traumreisen
zum kabbalistischen Lebensbaum

Sephiroth und Pfade,
Erzengel und noch mehr

Kontakt: www.HarryEilenstein.de
Harry.Eilenstein@web.de
Harry Eilenstein bei youtube

Herstellung und Verlag: BoD – Books on Demand, Norderstedt

ISBN: 9783756874446

Inhaltsverzeichnis

<u>Vorwort</u>

Der Lebensbaum der Kabbala ist ein Symbol, das sich aus dem Weltenbaum als der Verbindung zwischen Himmel und Erde entwickelt hat. Der Lebensbaum entspricht daher dem Weltenberg, der Himmelsleiter, der Pyramide und ähnlichen Symbolen.

Dieser Weg von der Erde zum Himmel, von den Menschen zu den Göttern, vom Diesseits zum Jenseits ist sozusagen zur leichteren Begehbarkeit in Stufen eingeteilt worden, die oft den Planeten gleichgesetzt worden sind. Diese Stufen sind die Sephiroth des Lebensbaumes, die Zweige des Weltenbaumes, die Sprossen der Himmelsleiter, die Stufen der Pyramide usw.

Aus dieser Einteilung in qualitative Schritte hat sich mit der Zeit ein System entwickelt, das eine Struktur darstellt, die man in allen Dingen wiederfinden kann – wirklich in allem: von dem Aufbau eines Staubsaugers über die Deutsche Verfassung bis hin zu der Evolution des Einzellers. Diese Struktur und seine Anwendung habe ich ausführlich in meinem Buch „Logik und Wirkung der Analogie" beschrieben.

Die ersten Traumreisen zu dem Lebensbaum habe ich ca. 2005 zusammen mit meinem Freund Jörg Wichmann unternommen. Die damals gefundenen Bilder und Einsichten habe ich nun (2022) durch weitere Traumreisen ergänzt.

Auf diesen Traumreisen erscheinen bisweilen verschiedene Szenerien, die jedoch lediglich verschiedene Bilder für dieselben Grundstrukturen sind, die lediglich auf verschiedene Weisen beschrieben werden.

Diese Traumreisen von Jörg und mir sollten nicht als die einzige Wahrheit aufgefaßt werden, sondern möglichst durch eigene Traumreisen ergänzt werden, da eigene Erfahrungen stets lebendiger sind als Erfahrungsberichte von anderen und oft auch noch andere Eigenschaften des betreffenden Bereiches auf dem Lebensbaum deutlich machen.

Meinen bisherigen Erlebnissen zufolge ist der kabbalistische Lebensbaum etwas, das aus sich heraus existiert, was dazu führt, daß die Traumreisen verschiedener Menschen zu dem Lebensbaum sich nicht widersprechen, sondern lediglich verschiedene Aspekte von ihm oder verschiedene Blickwinkel auf ihn darstellen.

Derartige Traumreisen lohnen sich auf jeden Fall, da dadurch die Struktur des Lebensbaumes deutlich lebendiger wird als nur durch die rein verstandesmäßige Beschäftigung mit ihm.

Man kann die „Früchte des Lebensbaumes" nur dann ernten, wenn man selber selber auf Traumreisen zu ihm geht.

1. Element:

die Sephirah *Malkuth*

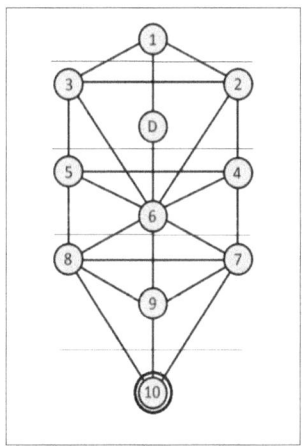

1. Traumreise   (Jörg und Harry)

Wir gehen durch das imaginierte Tor mit der Aufschrift „Malkuth". Wir sehen einen Wald, in der Mitte einen Baum mit sehr dickem Stamm und riesigen Wurzeln – offenbar der Weltenbaum. Ein Eichhörnchen rennt den Stamm hinauf: Ratatoskr („Nagezahn") aus der germanischen Mythologie, der an dem Weltenbaum hinauf- und hinabläuft – vielleicht ein Symbol für die Lebenskraft.

Es sind die verschiedensten Tiere und auch Elfen in dem Wald, aber es geschieht nicht viel. Wir spüren in dem Baum ein Wesen, das eine Ausstrahlung wie ein Engel hat, aber es geschieht nichts – aber der Baum strahlt Ruhe und Festigkeit und Standhaftigkeit aus.

2. Traumreise   (Harry)

Ich imaginiere den kabbalistischen Lebensbaum und konzentriere mich auf Malkuth. Ich spüre in diese Sephirah hinein. Ich spüre Festigkeit, Bodenständigkeit ... ich bin präsent ... ich bin hier und jetzt ...

Da ist noch so etwas wie Ernst, Aufrichtigkeit, so etwas wie „die Dinge sehen wie sie sind", sich nichts vormachen ... Das ist im Grunde die traditionelle „Tugend" von Malkuth: Unterscheidungskraft.

Dinge auf den Punkt bringen.

... ...

„*Adonai ha-Aretz, Aspekt Gottes in Malkuth – magst Du mir etwas sagen oder zeigen?*"

„*Das funktioniert nicht, wenn in Dir noch etwas Rastloses ist.*"

„*Hm ... ja, ich sehe, was Du meinst. ... ... Ist es jetzt besser?*"

„*Ja.*"

„*Gibt es etwas, was Du mir sagen oder zeigen kannst?*"

Ich sehe eine Kugel ... eine große Kugel ... das ist die Erde ... ich spüre die Gravitation, die diese Kugel zusammenhält ... Schwere ... eine materielle Form ... Erdung ...

„*Sehe ich schon das, was Du mir zeigen willst, Adonai?*"

„*Schau weiter.*"

„*O.k.*"

Ich glaube, ich habe es jetzt erkannt: Malkuth ist der einzige Bereich, in dem man wirklich etwas ganz konkret erleben kann.

„*Schau weiter.*"

„*O.k.*"

Die Konkretisierung als Materie ist das, worauf das ganze Leben abzielt.

„*Du kommst der Sache näher.*"

„*Hm ... ... Ich lebe nur im Augenblick.*"

„*Gut, aber noch nicht ganz angekommen.*"

„*Oh – jetzt ist etwas in mir aufgetaucht: Ich will leben!*"

„*Das ist die Essenz von Malkuth.*"

„*Danke, Adonai!*"

„*Bitte.*"

... ...

„*Sandalphon, Erzengel von Malkuth – magst Du dem noch etwas hinzufügen?*"

„*Du bist unersättlich, nicht wahr?*"

„*Ähh ...*"

„*Das war nur ein Scherz ...*"

„*Ehm ... gehört Humor zu Malkuth? Und zu Dir?*"

„*Natürlich! Ohne Humor wird die Malkuth-Qualität zu Verbissenheit – und dann läuft garnichts mehr.*"

„*Hm, ja, das verstehe ich. ... Gibt es da noch mehr zu sagen oder zu zeigen?*"

„*Ich könnte Dir die ganze Welt zeigen, aber dann würdest Du Malkuth trotzdem nicht besser verstehen.*"

„*Und etwas Förderliches?*"

„*Lache über Dich selber. Das entspannt. Und wenn Du entspannt bist, wirst Du sehr viel erfolgreicher.*"

„*Ja, das kenne ich. Das ist auch in der Magie so, und im Sport, in Beziehungen ...*

eigentlich überall ... Danke, daß Du das noch mal so hervorgehoben hast – das hätte ich sonst nicht bemerkt.“

„Bitte.“

„Danke. ... Ho!“

3. Traumreise: Das Aussehen des Erzengels Sandalphon (Harry)

Ich könnte mir vorstellen, daß es für den einen oder anderen für Traumreisen und für Rituale hilfreich ist, den Erzengel einer Sephirah imaginieren zu können. Daher habe ich bei jeder der elf Sephiroth jeweils noch eine Traumreise angefügt, bei der ich mir das Aussehen des jeweiligen Erzengel möglichst deutlich angeschaut habe.

„Sandalphon – ist es überhaupt sinnvoll, wenn ich genauer schaue, wie Du ausnsiehst und das dann hier beschreibe?“

„Alles, was euch hilft, mit uns Kontakt auszunehmen, ist sinnvoll.“

„Es könnte ja sein, daß das, was ich sehe, ziemlich subjektiv eingefärbt ist und auch von meinen Vorstellungen und Konzepten eingefärbt ist.“

„Das wird es mit Sicherheit sein. Aber stört das denn grundlegend die Effektivität eines solchen Bildes?“

„Hm ... vermutlich nicht ... Und es kann ja auch jeder noch mal für sich selber schauen – und wenn er euch Erzengel anders sieht, dann eben dieses Bild benutzen.“

„Ein subjektives Bild ist zunächst mal für eine Anrufung, eine Invokation oder eine Traumreise besser als gar kein Bild.“

„Hm – das mit den „objektiven Bildern“ ist in der Magie und in der Meditation ja sowie schwierig ...“

„So ist es. Es kommt nur darauf an, daß das Bild funktioniert und ein geeignetes Mittel ist, um einen Kontakt zu mir zu erhalten.“

„Ja ... diese pragmatische Sicht ist hier wohl das Sinnvollste ... wie es das ja fast überall ist ...“

... ...

Also gut, dann versuche ich mal zu schauen, wie Sandalphon aussieht und dann beschreibe ich das dann anschließend.

Ich sehe ihn in Brautönen ... wie Erde ... und vereinzelt auch Grün- oder Gelbtöne wie Gras, Laub und reifes Getreide. Das erinnert mich an den Erd-Erzengel Auriel im Kleinen Pentagramm-Ritual.

Sandalphon hat große Flügel, deren längste Federn bis fast auf den Boden reichen. Er scheint ein schmales Stirnband zu tragen, mit dem er seine eher lockigen, ockerbraunen Haare zusammenhält.

Er trägt eine Kette mit einem Anhänger, der ein regelmäßiges Zehneck mit dem

Symbol der Erde ist. Hm – ist das jetzt Konzept oder Sehen? Nunja, erst mal egal ... passen tut's ja ...

Das Gewand wird mit einem Gürtel gehalten. Er hält in der rechten Hand einen runden Brotlaib und in der linken Hand einen Kristall – es scheint ein Bergkristall zu sein. Sandalphon ist barfuß. Er steht auf einer Wiese in einer bäuerlichen Landschaft.

Seine Gewand ist ringsum mit einer Borte gesäumt, die ebenfalls in dezenten Brauntönen gehalten ist. Es scheinen Ornamente aus Kristallen und Erdschollen zu sein.

... ...

„Sandalphon – möchtest Du noch etwas hinzufügen?"

„Blicke in meine Augen."

„Ja, gut ..."

Seine Augen sind sehr intensiv und sie haben auch ein Ockerbraun als Farbe – das sieht ziemlich ungewöhnlich aus.

Wenn ich in seine Augen schaue, werde ich ruhiger, entspanne ich mich, komme ich an ... komme ich zu mir ... bin ich wirklich im Augenblick da ... Diese Wirkung ist ziemlich groß und beeindruckend ...

Seltsamerweise kann ich durch seine Augen wie in ihn hinein schauen und sehe dann alle Dinge von ihrer Bewußtseinsseite her ... Es ist, als ob ich dann in allen Dingen wäre oder genauer gesagt, als ob ich diese Dinge wäre ... Es zieht mich durch Sandalphons Augen in ihn selber hinein – das lasse ich jetzt mal zu ... Das ist wie ankommen, ich werde ganz ruhig, ich muß nichts mehr machen oder erreichen ... Es stimmt nicht ganz, daß ich in allen Dingen bin, aber ich bin mit allen Dingen verbunden – und bin trotzdem ganz in mir ... ruhig, gelassen, auf eine seltsame Weise zufrieden ... so als wäre diese Zufriedenheit schon immer da gewesen, nur als ob ich sie immer wieder vergessen und nicht mehr sehen würde ...

„Noch etwas, Sandalphon?"

„Bleibe noch hier in mir und gehe nun zu Deinem Herzen."

„Herz oder Herzchakra?"

„Herzchakra."

„O.k."

Da muß ich anfangen zu lächeln ... Komisch – da muß ich an Buddha denken, wie er nach dem Erlangen seiner Erleuchtung mit den Fingerspitzen seiner rechten Hand die Erde berührt hat – das soll die Anrufung der Erde als Zeuge seiner Erleuchtung sein, aber das fühlt sich gerade anders an ... als ob er sehen und bejahen und annehmen würde, daß er in dieser Welt lebt und als würde daraus sein Lächeln entstehen.

„Ist es das, was Du mir zeigen wolltest, Sandalphon?"

„Ja – wobei das mit Buddha nicht nötig gewesen wäre. Das lenkt nur ab."

„O.k. ... noch etwas?"

„Nein, das ist erst einmal genug."

Ich gehe wieder durch seine Augen hinaus vor ihn.
„Danke, Sandalphon!"
„Bitte."
„Ho!"

2. Element:

die *Schwelle* zwischen Malkuth und Yesod

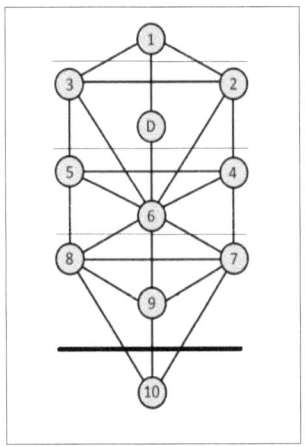

1. Traumreise   (Harry)

Die Schwelle ist der Übergang vom Hier zum Drumherum, vom Jetzt zum Vorher/ Nachher, vom Außen zum Innen, von der Materie zum Bewußtsein – soweit mein Wissen darüber.

Wenn ich innerlich zu der Schwelle schauen und ihr Wesen zu erfassen versuche, sehe ich so etwas wie eine riesige, dünne, durchsichtige Plastikfolie, die sich durch die gesamte Welt zieht. Auf der einen Seite sind voneinander getrennte, feste Einheiten – das ist Malkuth. Auf der anderen Seite sind fließende Übergänge zwischen allem, Verknüpfungen zwischen allem, Bezüge zwischen allem – das ist Yesod.

Was ist der Bezug zwischen diesen beiden Seiten? Und was ist das Wesen dieser „Plastikfolie"? Mal schauen ... ... Die Dinge sind ein bißchen wie Eisberge: Die Malkuth/Materie-Seite ist der kleine Teil, der über das Wasser emporagt, die Yesod/ Lebenskraft-Seite ist der große Teil, der unter Wasser ist. Beide Seiten gehören fest zusammen, beide Seiten bilden eine Einheit, beide Teile sind derselbe Eisberg – man sieht jedoch meistens nur den Teil, der über Wasser ist, der leichter ist. Die „Plastikfolie" ist in diesem Bild offensichtlich die Meeresoberfläche.

Wie kommt diese Meeresoberfläche zustande? ... ... Hm – die Dinge scheinen von Natur aus ein Innen und ein Außen zu haben.

Das ist ja auch bei der physikalischen Betrachtung der Welt so: Das, was wirklich real ist, ist die Raumzeit – sie ist zunächst einmal eine undifferenzierte Einheit. Die Krümmungen der Raumzeit – wenn man sie sich als Ebene vorstellt – sind die

Energiequanten. Aus den Energiequanten bilden sich durch Verdichtung („E=m·c²") die Elementarteilchen. Aus den Elementarteilchen bilden sich die Atome, aus denen die Moleküle und aus denen bilden sich dann schließlich alle Dinge in der Welt.

Aber was bedeutet es, daß es dieses Innen und dieses Außen auf den beiden Seiten der „Plastikfolie" gibt? ... ... Wenn ich per Traumreise auf diesen Übergang schaue, scheint mir, daß das mit dem Bewußtsein zu tun hat. Und dieses Bewußtsein kann nach zwei Richtungen schauen: Mein Bewußtsein kann innerlich in meinen rechten Arm geben und meine Finger bewegen – das ist Yesod, also das Innen. Und mein Bewußtsein kann äußerlich zu meinem rechten Arm gehen und auf ihn schauen und ihn mit dem linken Arm anfassen – das ist Malkuth, das Außen.

Diese beiden Möglichkeiten erschaffen offenbar die „Plastikfolie". Sie ist daher keine Trennung oder etwas in der Art, sondern nur die Stelle, an der man die Perspektive wechselt: Schaue ich von außen her auf meine rechte Hand oder gehe ich innerlich in meine rechte Hand und spüre sie? Dieses Bild paßt auch gut zu dem Gleichnis zwischen der Schwelle und der Meeresoberfläche: „unter Wasser" und „über Wasser" ist auch ein Perspektivwechsel – und beidemale sieht man denselben Eisberg, wenn auch verschiedene Teile von ihm.

Die Schwelle kennzeichnet somit auch den Übergang zwischen dem Handeln von der Materie aus in Malkuth und dem Handeln vom Bewußtsein aus in Yesod – was die Magie miteinbeschließt.

Habe ich jetzt das Wesentliche der Schwelle erfaßt? ... ... Hm – mir scheint, daß ich die Grundlage erkannt habe, aber das bei späteren Traumreisen noch andere Aspekte deutlich werden.

O.k., dann belasse ich es mal dabei.

3. Element:

der 32. Pfad *von Malkuth nach Yesod*

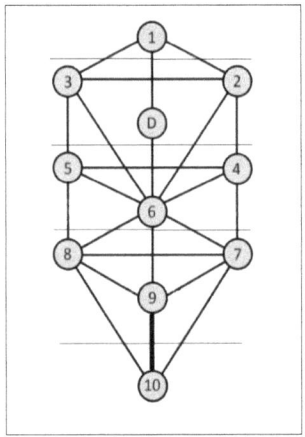

1. Traumreise   (Jörg und Harry)

Wir beginnen in der Sephirah Malkuth und suchen nach dem Tor, durch das wir auf den 32. Pfad gelangen können. Schließlich finden wir ein großes steinernes Tor und gehen hindurch. Dort finden wir wieder den Weltenbaum ... wir steigen seinen Stamm hinauf; das Klettern fällt leicht – vermutlich, weil wir ja bereits die Schwelle (auf dem Lebensbaum) überschritten haben, da wir uns auf einer Traumreise befinden, und die Tor-Symbole beim Eintritt in die Traumreisen die Schwelle, also diesen Pfad darstellen. Wir steigen Blätterdach um Blätterdach empor. Nichts besonderes geschieht.

2. Traumreise   (Harry)

Ich gehe innerlich nach Malkuth und verlasse Malkuth in Richtung Yesod. Dabei verlasse ich Malkuth durch ein Tor – der Lebensbaum ist wie eine Landkarte, in der man innerlich spazierengehen kann.

Wie sieht der Weg aus, den ich von Malkuth nach Yesod gehe? ... Hm ... komisch ... Das ist ein Waldweg ... Warum? Weil Malkuth Materie ist und Yeosd Lebenskraft und das ergibt dann „lebendige Materie", also einen Wald?

Mal schauen, ob ich hier etwas Besonderes finden kann. ... Die Lebendigkeit in allem ist sehr deutlich. Es ist ein bißchen so wie in dem Film „Avatar", in dem diese Lebendigkeit als das Leuchten der Pflanzen dargestellt worden ist. Nunja, dies ist ja

14

auch der Pfad, auf dem das Hellsehen beginnt, also das Sehen der Lebenskraft in Yesod. Das ist auch ein „nach innen gehen". Ich wechsle auf diesem Pfad, die Richtung, in der ich im Leben blicke: In Malkuth schaue ich nach außen, in Yesod schaue ich nach innen. Während ich in Richtung Yesod gehe, werden alle Dinge immer lebendiger.

Dieser Pfad scheint auch etwas auszurichten, also etwas in eine Richtung hin zu lenken ... Er ist der unterste Teil der Mittleren Säule, die oben in Kether endet. Ist es das? ... Ja ... aber zunächst richtet dieser Pfad die Lebenskraft auf die Seele in Tiphareth aus, also auf die nächste Sephirah, die bei dem Aufstieg die Mittlere Säule hinauf auf Yesod folgt.

Diese Ausrichtung entspricht dem Stamm des Weltenbaumes in der Traumreise von Jörg und mir. Hier ist es das Bild eines geraden Weges, den ich gehe – das entspricht dem Stamm des Weltenbaumes.

Diese Festigkeit, Klarheit und Ausrichtung hat auch etwas Geborgens, Behütendes, Heimatliches, Haltgebendes – das ist sehr angenehm. Das ist wie ein sanftes Gleiten der Kundalini-Schlange, die den Weltenbaum und die Chakren im Körper hinaufsteigt.

Diese Qualität ist mir hier noch nie aufgefallen: Es ist, als ob man im Mutterbauch wäre, in einem Ei, in der Schwitzhütte ... Es ist alles so klar und einfach und selbstverständlich ...

Diese Qualität kenne ich vor allem von Naturvölkern wie z.B. den Indianern: Teil des Ganzen sein; entstehen, wachsen und vergehen; aus dem Leben kein Drama machen; das ausdrücken, was man ist; alle Dinge von ganzem Herzen und mit ganzer Kraft tun; man weiß, wer man ist, und das lebt man ... Da kommt eine Art Freude oder Begeisterung oder Einsgerichtetheit auf – das ist das Gefühl, daß man oft bei rituellen Tänzen hat: Fließen, Zustimmung, Teil des Ganzen sein, lebendig sein, in der Lebendigkeit der Gemeinschaft sein, Freude, das Leben feiern ... Und in allem diese klare Ausrichtung – gerade wie der Stamm des Weltenbaumes, wie der Weg von Malkuth nach Yesod ...

Das ist wirklich viel, was ich hier gefunden habe ... das habe ich nicht erwartet ... Gibt es da noch etwas, was ich sehe oder erleben sollte? ... ... Da kommt in Yesod dann noch mehr ...

Und wenn ich mich umdrehe und auf dem Pfad von Yesod nach Malkuth blicke? ... Konkretisierung, die Dinge auf den Punkt bringen, Durchsetzen, Handeln, Erschaffen, in die Welt hinaus gehen, Erleben, Dinge erden, Verwirklichung – darin scheint eine Ekstase zu liegen, eine Einsgerichtetheit, die das Handeln effektiv macht, das ist die Begeisterung zu leben und auszudrücken, wer man ist ...

Dieser 32. Pfad auf dem Lebensbaum ist in beide Richtungen hin klar und stark ausgerichtet – wie soll man diese Qualität nennen? Wie ein „organischer Laserstrahl". Er ist eindeutig und lebendig und ausgerichtet und man stimmt dieser

15

Richtung vollkommen zu, weil sie genau das ist, was man will und genau das aus-drückt, wer man ist.

Diese Senkrechte, deren untersten Teil man hier erlebt, ist die Mittlere Säule auf dem Lebensbaum, der Weltenbaum, die Himmelssäule, der Weltenberg, die Sushumna, die die sieben Chakren miteinander verbindet ... Das ist auch ganz schlicht die Aufrichtigkeit, die Selbstbejahung, die Eindeutigkeit, die Selbsttreue, der Selbstaus-druck ... Man kann das recht einfach zusammenfassen: „Ich lebe mein Leben!"

Diese Geradlinigkeit, diese Eindeutigkeit und diese vollkommene Selbsttreue ist schlicht, undramatisch, standfest, klar – das ist die Qualität, die die wild lebenden Tiere haben und die Weisen und die Ekstase-Tänzer. Das ist die innere senkrechte Achse ...

Das ist auch der Weltenbaum in der Mitte des Steinkreises – der Weltenbaum sind die eigenen sieben Chakren und der Steinkreis ist das eigene Horoskop: die Entwick-lung und Entfaltung des eigenen Stils.

Hm – ich merke, daß ich gerade selber in eine Art Ekstase gerate, daß da etwas in mir zu fließen beginnt, sich eindeutig und organisch ausrichtet ...

Das ist wie der Kriegsschrei der Dakota-Indianer: „Hanta Yo". Das bedeutet „Aus dem Weg!", „Platz da!", „Bahn frei!" und ähnliches. Genau das ist die Qualität des 32. Pfades zwischen Malkuth und Yesod.

Das war mir so nicht klar ...

Danke!

4. Element:

die Sephirah *Yesod*

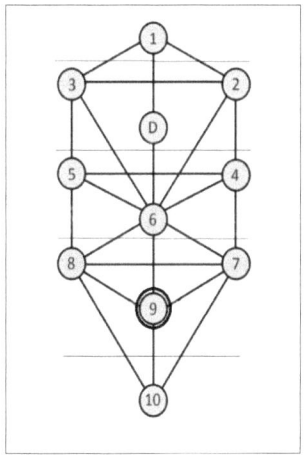

1. Traumreise   (Jörg und Harry)

Es ist Nacht. Wir gehen über eine flache, feuchte Landschaft mit Sümpfen, Mooren, Teichen und langsam fließenden Bächen. Über uns erscheint der Vollmond. Er spiegelt sich in einem großen See, dessen Wasser tiefschwarz aussieht. In der Mitte sehen wir eine Insel. Wir fliegen hinüber. Auf der Insel ist ein rundes Gebilde, das an eine Muschel oder an ein Ei erinnert, aber viel größer ist. Und es wirkt wie etwas, das dauerhafter ist. Wir fragen, was es ist und erhalten zur Antwort, daß es zum Mond gehört. Es hat keinen Eingang und auf unsere Frage, ob wir hineingehen sollen und wenn ja, wie, erhalten wir keine klare Antwort.

Schließlich spüre ich, daß der Weg in das Innere dieses „Eies“ über den Weg des Vertrauens führt. Nach einer Weile kann ich mich dieser in dem „Ei“ verborgenen Mondqualität öffnen. Die Qualität erinnert mich an ein Isis-Meeres-Ritual, das ich einmal geschrieben habe. Ist es diese Isis-Qualität, die in dem Inneren des „Eies“ ist?

Ich bin in dem Inneren des „Eies“. Es ist geborgen hier und warm und ich spüre die Gegenwart einer Frau oder einer Göttin; sie ist so groß wie eine Göttin, aber ihre Abgrenzungslosigkeit bleibt außerhalb meiner Wahrnehmung – vermutlich würde ich diese Grenzenlosigkeit gerade nicht aushalten können ... Das Äußere dieser „Höhle“ ist irgendwie halbdurchsichtig, sodaß ich das ahnen kann, was draußen ist, und an einer Stelle ist ein Ausgang, durch den ich auf das Wasser des Sees hinausblicken kann.

Die Gestalt einer Frau erscheint schemenhaft in der Höhle, aber ich kann sie viel besser spüren als sehen. Das Grundgefühl in dieser „Höhle" ist die Geborgenheit und es gibt eigentlich nichts zu fragen oder zu sagen – daher bin ich einfach nur hier und sage Jörg, der draußen ist, nur ab und zu, was ich erlebe.

Jörg erlebt diese Geborgenheit auch, obwohl er draußen geblieben ist.

Schließlich verabschieden wir uns von der Frau/Göttin und dem „Ei" und kehren zurück.

Die Höhle ist offensichtlich der Bauch meiner Mutter, in dem ich die pränatale Geborgenheit spüre. Die Wahrnehmung meiner Mutter aus meiner Sicht vor und nach meiner Geburt und die Erlebnisse mit Isis überlagern sich hier.

In Malkuth waren wir im Hier und Jetzt mit der normalen „Außenwahrnehmung". In Yesod waren wir in dem Bereich vor der Geburt im Bauch unserer Mütter. Daher stellt die Schwelle, das steinerne Tor zum Beginn des 32. Pfades und die Öffnung des Yesod-„Eies" offenbar auch den Schoß der Mutter dar, durch den das Kind bei seiner Geburt in die Welt hinausgelangt.

2. Traumreise   (Harry)

Ich gehe von Malkuth aus den 32. Pfad entlang und erreiche schließlich Yesod. Der Übergang von dem Pfad zu der Sephirah ist deutlich zu spüren, auch wenn ich kein Tor oder ähnliches sehe – es ist das Gefühl eines Ankommens und der Geborgenheit. Yesod fühlt sich „rund" an und und irgendwie kugelförmig – eher von der Stimmung her als von der Form. Es ist so ähnlich wie ein Zentrum – aber nicht eine Sonne, sondern ein Nest, eine Höhle, eine Heimat.

Ich sehe Wald, viele Pflanzen, Blüten, Lianen ... auch Früchte ... hier ist Fülle, Sattsein ...

Gibt es hier sonst noch etwas? Etwas Besonderes? Oder etwas Wichtiges? Ich sehe eine Frau, eine Göttin, eine Große Mutter ... sie ist nackt, hat große Brüste und sie ist auf eine heimelige Art schön – so eine „Wohlfühl-Schönheit", wenn ich das mal so sagen darf. Sie lächelt. Sie sitzt da und tut nichts – und es braucht auch nichts getan werden ...

Ich gehe zu ihr ... ich zögere ... dann setzte ich mich in die Nähe ihres linken Knies ... schließlich lehne ich mich an sie an, kuschle mich an sie ... das tut gut!

Es gibt nichts, was ich tun müßte ... einfach da sein ...

... ...

„Schaddai el-Chai, Yesod-Aspekt von Gott – gibt es etwas, was Du mir sagen oder zeigen magst?"

„Ich bin da."

„Hm ... ja ... und Du bist fest, an Dich kann man sich anlehnen ... Dein Name bedeutet „der mächtige Berg" ... Aber habe ich damit schon verstanden, was Du mit „Ich bin da." meinst? "

„Ein bißchen. "

„Kannst Du mir weiterhelfen? "

„Schaue auf Dein Hara. "

„Hm ... ja ... da ist Festigkeit und innerer Halt ... oder die sollten da zumindestens sein ... Die Tugend, die Yesod zugeschrieben wird, ist „das Fundament". Meinst Du das? "

„Welches Chakra gehört zu Yesod? "

„Das Wurzelchakra. "

„Und was ist die Essenz des Wurzelchakras? "

„Die Sehnsucht des Lebens nach sich selber. "

„Das hat Kalil Gibran so formuliert. Aber ja, das stimmt – das ist die Essenz des Wurzelchakras. "

„Und ich soll nach meinem Hara schauen? "

„Warum ist das so schwach? "

„Weil ich mein Wurzelchakra nicht wirklich leben und glühen lasse? "

„Ja. "

„Mangelhafter Egoismus? "

„Du traust Dich nicht richtig zu leben. "

„Hm ... und wie geht das? "

„Sei mutig. Leg los. Fang an. Tu das, wonach Dir ist. Jetzt und nachher und morgen und immer. "

„Ich glaube, ich verstehe, was Du meinst. Danke, Adonai! "

„Bitte. "

... ...

„Gabriel, Erzengel von Yesod – möchtest Du auch noch etwas dazufügen? "

„Woher kennst Du mich? "

„Du hast Maria Christi Geburt verkündet, Du hast Mohammed den Koran gebracht, Du hast, glaube ich, John Dee die Enochia-Sprache gebracht, Du bist der Erzengel des Wassers und der Erzengel des Mondes ... Du bist sozusagen der weiblichste der Erzengel ... "

„Das ist Wissen, was Du da aufzählst. Woher kennst Du mich? "

„Hm – aus dem Pentagramm-Ritual. Da steht Du im Westen als Erzengel des Wassers – da habe ich Dich schon ein paar tausendmal imaginiert und gesehen. "

„Und wie fühlt sich das an? "

„Du? Das Wasser? Die Essenz des Wassers? Oder Du als Erzengel des Mond-Hexagramms? "

„Ich als Erzengel von Yesod. "

„Äh, ja ... Verbundenheit, Geborgenheit, Kontakt, Nähe, Wärme, Ernährung, Stillen – halt all diese mütterlichen Qualitäten ... da ist auch die mütterliche Liebe – nicht die allgemeine Liebe, die die Essenz des Wassers ist ... und auch die väterliche Liebe – sowohl die Liebe der eigenen Eltern zu einem selber als auch die eigene Liebe zu den eigenen Kindern ... Ja, das ist dieses Sippengefühl, dieses Dazugehören, diese Verbundenheit ... dieses Clangefühl ... das hat etwas Organisches – wie eine Zelle eines größeren Lebewesens zu sein ... das sind jetzt wohl die Mond-Qualitäten, die ich da beschreibe – Yesod ist die Mond-Sephirah ...“

„Mußt Du noch mehr wissen?“

„Nein ... eigentlich nicht ... ich brauche nur in dieser Qualität zu ruhen ... das ist es, was wichtig ist ...“

„Kannst Du das?“

„Es fällt mir schwer.“

„Willst Du das ändern?“

„Ja.“

„Dann liebe.“

„???“

„Liebe Dich selber. Liebe Deine Kinder. Liebe Deine Freunde und Freundinnen. Liebe die Menschen, die Dir wichtig sind. Laß Deine Liebe strahlen, laß sie fließen, laß sie Verbindungen schaffen. Und laß Deine Liebe frei sein – laß sie nicht in Brauchen und Wollen erstarren, sondern laß sie sich entfalten.“

„Ja, das ist wohl eine Form von „Mond-Liebe“, die Du da beschreibt, nicht eine Form der „Venus-Liebe“ ... also einfach „Mond-lieben“?“

„Ja. Tu das, was Dein Ziel ist.“

„Das hast Du schlicht und präzise und paradox zugleich gesagt. Das gefällt mir. ... Danke, Gabriel.“

„Bitte.“

Ich hatte überlegt, auch noch den Mond anzusprechen, aber das scheint mir jetzt nicht mehr nötig zu sein.

3. Traumreise: Das Aussehen des Erzengels Gabriel   (Harry)

Ich betrachte den Erzengel Gabriel. Ich sehe ihn in einem langen, blauen Gewand – vermutlich, weil ich ihn als Wasser-Erzengel aus dem Kleinen Pentagramm-Ritual so kenne.

Er trägt einen silbernen Kelch in seiner rechten Hand und er hält eine silberne Mondsichel in seiner linken Hand. Der Kelch ist mit einem Ritualtrank gefüllt – Soma amrita, Nektar ambrosia, Haoma, Göttermet, Balché, Lebenselixier, Milch und Honig, Abendmahlswein ...

Um seinen Hals trägt er eine silberne Kette mit einem regelmäßigen Neuneck als Anhänger, auf dem sich das Mond-Symbol befindet.

Komisch, ich habe das Violett von Yesod hier erwartet, aber das findet sich nur manchmal in dem Gewand als leichte Schattierung ...

Auch Gabriel trägt ein schmales Stirnband. Sein Haar ist dunkel und länger als das von Sandalphon – es reicht bis auf die Schultern. Er ist ein Mann, aber er wirkt deutlich weiblicher und weicher als Sandalphon. Seine Flügelfedern reichen wie bei Sandalphon bis fast zum Erdboden hinab.

Er trägt einen Gürtel und ist barfuß. Er steht auf dem Wasser des Meeres und ich spüre Ebbe und Flut und sehe im Hintergrund den Vollmond.

Bei Gabriels Gewand ist an den Säumen am Hals, an den Ärmeln und unten eine Borte, die aus silbernen Mondsicheln und aus violetten, wellenartigen Ornamenten besteht.

Meine Vermutung, daß sein Wurzelchakra sehr aktiv ist, kann ich nicht direkt durch meine Wahrnehmung bestätigen. Es scheinen alle Chakren gleichmäßig aktiv und in Harmonie miteinander zu sein – was ja bei einem Erzengel eigentlich auch logisch ist. Lediglich die Fülle an Lebenskraft, die Gabriel ausstrahlt, ist ein Hinweis auf das Wurzelchakra.

Ich schaue ihm in die Augen. Er hat blaue Augen. Sie sind auf eine andere Weise intensiv als die Augen des Sandalphon ... Gabriels Blick ist sozusagen umarmend, weich, wie warmes Wassers, wie Milch ...

Ich lasse mich wie bei Sandalphon in seinen Blick hineinziehen und bin nun in ihm ... Es ist alles fließend, ich sehe die Lebenskraft, diesen milchigweißen Nebel mit dem leichten Blauschimmer ... Sie ist überall ... und sie hat ebenfalls Gezeiten – Ebbe und Flut ...

Das fühlt sich an, als würde ich mich auf alles ausdehnen, als Lebenskraft durch alles fließen ...

Hm ... ich sehe auf einmal, daß homöopathische Heilmittel diese Lebenskraft lenken; von dem Heilmittel zu dem Patienten hin ...

... ...

„Gabriel, soll ich etwas Bestimmtes tun?"

„Woran erinnert Dich das Gefühl, daß Du hier in mir hast?"

„An Schwitzhütten, an die Zeit im Mutterbauch ..."

„Dann hast Du das Wesentliche erkannt."

Ich bleibe noch eine Weile hier ... ...

Ich verlasse Gabriel wieder durch seinen Blick.

„Danke, Gabriel!"

„Bitte."

„Ho!"

5. Element:

der 31. Pfad *von Malkuth nach Hod*

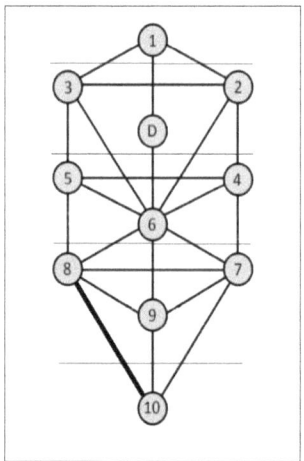

1. Traumreise   (Jörg und Harry)

Wir treten durch das Tor, daß von Malkuth in den Pfad nach Hod führt und finden uns in einer Höhle wieder. Nach einer Weile wird es heller und wir erkennen, daß wir durch einen Urwald gehen. Wir kämpfen uns durch Gestrüpp und Unterholz. Schließlich wird die Landschaft offener. Es fühlt sich an wie eine Reise, die von der Vergangenheit, von der frühen Altsteinzeit ausgeht und sich allmählich der Gegenwart annähert. Schließlich wird die Landschaft zur Savanne und dann zur Steppe. Am Ende erreichen wir eine Stadt, die sehr archaisch wirkt wie Uruk, Babylon oder ähnliche mesopotamische Städte vor rund 5.000 Jahren. Diese Stadt stellt offensichtlich Hod dar.

2. Traumreise   (Harry)

Ich gehe von Malkuth aus den 31. Pfad in Richtung Hod entlang. Beim Verlassen von Malkuth muß ich durch einen Kristall gehen, der hier die Tür zu dem 31. Pfad zu sein scheint – es ist, soweit ich sehen kann, ein Bergkristall.

Auf dem Pfad sehe ich Strukturen, Meßapparate, Fernrohre, Mikroskope, Geigerzähler und ähnliches ... Analyse der Substanz. Da sind auch PCs, Zahlenlisten, Diagramme – das ist alles ziemlich analytisch-trocken ...

Das Tor nach Hod hinein ist ein klassisch aussehendes Marmor-Portal ...

6. Element:

der 30. Pfad *von Yesod nach Hod*

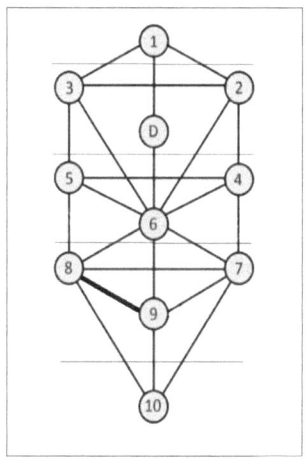

1. Traumreise   (Jörg und Harry)

Diese Traumreise ähnelt der von Malkuth nach Hod, nur daß wir diesmal von einer Ackerlandschaft mit Gärten, gepflügten Feldern und Weiden ausgehen. Wir laufen erst über eine Wiese und folgen danach einem Feldweg. Wir sehen Pferde und Kühe auf Weiden und nach einer Weile begegnen uns auch Menschen. Der Weg wird fester und besser gepflegt und wird schließlich zu einer Straße, auf der Bauern mit Heuwagen und ähnlichem fahren und auf dem uns Reiter überholen oder entgegenkommen. Schließlich erreichen wir eine Stadt – das ist offensichtlich Hod.

2. Traumreise   (Harry)

Ich beginne in Yesod. Ich gelange durch eine Glastür in den 30. Pfad, der wie ein langezogenes Labor aussieht. Ich sehe immer wieder ein Clip-Board, auf dem Notizen gemacht werden. Da sind Kurven von mathematischen Funktionen, Fieberkurven, Gauss'sche Verteilungskurven und dergleichen mehr, Reagenzgläser ... Es wirkt hier im Gegensatz zu dem physikalischen 31. Pfad von Malkuth nach Hod eher chemisch-biologisch.

Das Tor nach Hod hinein ist wie eine Bürotür, hinter der man einen Schreibtisch erwartet, an dem die Beobachtungen, die auf dem 30. Pfad gemacht worden sind, ausgewertet werden.

7. Element:
die Sephirah *Hod*

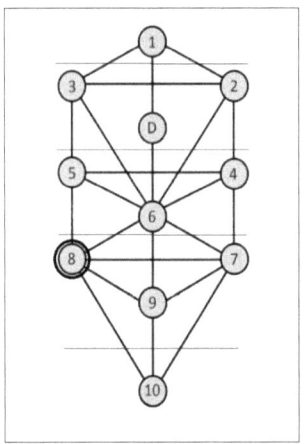

1. Traumreise   (Jörg und Harry)

Wir betreten durch das Tor am oberen Ende des 30. Pfades die Sephirah Hod – wir gehen also durch das Stadttor in die Stadt hinein. Sie ist mittelalterlich und hat ziemlich enge Gassen. Auf der Suche nach der Mitte gelangen wir zu einem großen Gebäude im Zentrum der Stadt, das wie eine Mischung aus Bibliothek und Tempel wirkt – was ja recht passend für ein Gebäude des Merkur ist. Wir treten ein und gelangen schließlich zu einem achteckigen Raum in der Mitte des recht weitläufigen Gebäudes. Dort treffen wir einen jungen Mann, dessen flinke, helle Augen uns auffallen. Es dauert einen Moment, bis wir erkennen, daß dieser junge Mann das „personifizierte Hod" ist.

Jörg und ich beginnen unabhängig voneinander mit ihm zu sprechen und berichten uns dann anschließend gegenseitig von unserem jeweiligen Gespräch mit ihm. Mir selber erschien dieser junge Mann eher wie Thot, also wie der altägyptische Gott der Weisheit: ruhig, tief, klar, weise – wobei ich seltsamerweise keine wirkliche Frage an ihn hatte und es mir genügte, ihn wahrzunehmen. Jörg hingegen erlebte diesen jungen Mann eher als Hermes oder Merkur, also als den Trickster und Gaukler und Gott der Diebe und Taschenspieler: der junge Mann verwandelte sich immer wieder, einmal auch in eine Frau, und er hielt Jörg eher zum Narren als daß er ihm irgendetwas erklärt hätte.

Diese unnterschiedliche Erscheinungsweise stimmt genau mit Jörgs und meiner

Ansicht über das Denken überein: Jörg betont gerne die Relativität und Subjektivität des Denkens und ich suche gerne nach der inneren Logik und der gemeinsamen Struktur der Erscheinungen. Diese Traumreise zeigte sehr anschaulich die verschiedenen Aspekte, die das „personifizierte Hod" annehmen kann und die den verschiedenen Merkur-Gottheiten, also Merkur, Hermes, Thot, Trickster usw. entsprechen.

2. Traumreise   (Harry)

Ich gehe von Malkuth aus den 31. Pfad entlang nach Hod. Das Tor nach Hod sieht aus wie eine Bürotür. Ich öffne sie und gehe hinein. Ich sehe ganz viele Strukturen – sie sehen aus wie Wismut-Kristalle, aber in weiß. Das ist eine Vielfalt von Formen, aber hauptsächlich rechte Winkel – wie ein Riesenbüro, in dem es viele Türen, aber kein oberes und kein unteres Ende, also keinen Fußboden und keine Decke gibt.

... ...

„Wo ist hier das Wichtigste?"

„Hier."

„Wo ist „hier"?"

„Hier."

Die Stimme kommt von vorne, ein bißchen nach oben links versetzt. Hier kann man nicht gehen, weil es keine sinnvollen Wege gibt, keinen zusammenhängenden Fußboden – also schwebe ich nach vorne oben links. Da ist so was ähnliches wie ein Raum, aber auch der hat keinen richtigen Fußboden. Dort sitzt eine weißgekleidete Gestalt.

„Hallo – wer bist Du?"

„Ich bin ich – wer sonst?"

„So wie Du mit Worten spielst und angesichts der Tatsache, daß ich in Hod bin, solltest Du eigentlich Merkur sein. Stimmt das?"

„Willst Du unser Ratespiel wirklich schon beenden?"

„Das werte ich mal als ein „Ja." von Dir."

Die Gestalt ist jung-alterslos. Sie sitzt zwar ruhig da, aber ich habe den Eindruck, als ob sie sich ziemlich schnell bewegen könnte.

„Was ist das Wichtigste hier?"

„Nun – ich."

„Hm – so ganz kann ich Dein Wesen noch nicht erfassen."

„Deshalb bin ich ja hier auch das Wichtigste für Dich."

„Ach so – das Unbekannte ist wichtiger als das, was schon bekannt ist. ... Nun, so kann man das auch sehen. Bist Du das Rätsel und der Humor?"

„Nicht schlecht."

„Und auch das Lachen und das sich-Wundern?"

„Das ist schon ganz gut."

„Heißt das, daß Du mir empfiehlst, mal was Neues zu denken?"

„Hat es Dir schon mal geholfen, dasselbe noch mal zu denken?"

„Nein – eigentlich nicht. … Was wäre denn gerade das wichtigste Neue, das ich entdecken könnte?"

„Daß Du Neues entdecken solltest."

„Hm – hast Du einen Tipp, in welcher Richtung ich danach am besten suchen sollte?"

„Immer da, wo's am meisten Spaß macht."

„Ja, gut … Danke."

„Bitte."

… … …

„Elohim Zabaoth, Hod-Aspekt von Gott – magst Du mir etwas sagen oder zeigen?"

„Du bist einseitig geworden: Du denkst viel, aber Du fühlst nicht im gleichen Maße und Du schwingst nicht im gleichen Maße. Das tut Dir nicht gut."

„Hm – Denken ist Hod, Schwingen ist Yesod, Fühlen ist Netzach?"

„Ja."

„Hod ist mein Forschen und Schreiben, Yesod mein Wandern und Musik-Improvisieren und Netzach meine Freundschaften?"

„So ungefähr."

„Hast Du da eine konkrete Anregung für mich?"

„Mehr Kontakte, mehr Sex, mehr tanzen, mehr singen, mehr kochen und genießen, mehr ausruhen …"

„Hm, ja … ich verstehe, was Du meinst. Danke! … Kannst Du mir noch etwas Allgemeines über Hod sagen, was mir noch nicht klar ist?"

Ich sehe ein Muster aus Lichtstrahlen und Blitzen … die verbinden Dinge miteinander, die geben Impulse weiter, die regeln Abläufe, die schaffen eine sinnvolle Ordnung …

„Ist es der Aspekt der Koordination, den Du mir da zeigst?"

„Koordination, Lenkung, Steuerung, Ordnen, Optimierung, Koppelung, Kombinieren, Ergänzen, Parallelisieren …"

„Ja, ich glaube, ich habe verstanden, was Du meinst. Diesen Aspekt habe ich bisher nicht gesehen – der richtet sich vor allem auf Yesod aus, wie mir scheint, der ordnet dort die Energieflüsse und koordiniert die Rhythmen."

„Ja."

„Danke."

„Bitte."

… … …

„Michael, Erzengel von Hod – magst Du mir noch etwas sagen oder zeigen?"

„Willst Du denn noch mehr wissen?"

„Hm – ich weiß es nicht … Gibt es noch etwas Wichtiges?"

„Es reicht erst einmal für Dich.“

„O.k. ... Danke, Michael.“

„Bitte.“

... ...

Ich schaue mir jetzt zum Schluß auch noch an, wie das Tor aussieht, durch das man von dem 30. Pfad aus, der von Yesod aus nach Hod führt, Hod betreten kann.

Dieses Tor sieht ein bißchen wie ein Meßgerät aus – wie Antennen, Objektive, Teleskope, Seismographen und dergleichen mehr. Das ist alles sehr technisch und sehr neugierig und aufmerksam und systematisch. Da sind auch Aufzeichnungsgeräte, die „Fieberkurven“ von allen möglichen Dingen aufzeichnen.

3. Traumreise: Das Aussehen des Erzengels Michael   (Harry)

Ich schaue, wie der Erzengel von Hod aussieht. Sein Gewand ist hellblau und weiß – also nicht orange, was die Farbe der Sephirah Hod ist. Am Saum des Gewandes sehe ich das astrologische Symbol des Merkurs und das alchemistische Symbol der Luft. Auch er trägt ein schmales Stirnband. Sein Haare sind hellbraun, aber nicht blond.

Er trägt dort, wo ein Kettenanhänger sitzen würde, zwar einen achteckigen Kettenanhänger, aber ich sehe keine Kette. Auf dem Anhänger ist das Symbol des Merkur. Der Anhänger scheint aus Bronze oder Messing zu sein.

Er hält in der rechten Hand den Hermesstab und mit der linken Hand scheint er Wind zu halten – ich sehe da so einen Wirbel. Er hält mit der linken Hand auch einen Bergkristall. Seine Flügel haben dieselbe Form wie die von Sandalphon und Gabriel.

Er hat hellblaue Augen und sein Blick ist sehr klar – und, wie es scheint, leicht amüsiert ... Ich tauche durch seinen Blick in ihn hinein und schaue, wie die Welt aus seiner Sicht aussieht. Da sind Strukturen, Zusammenhänge, Kausalitäten, Analogien, Muster, Mandalas, Diagramme, Kurven, Tabellen, Übersichten mit vielen Symbolen ... Er steht in dieser „Strukturen-Welt“.

Der Zusammenhang zwischen der Sephirah Hod und dem Hara-Chakra ist nur anhand der Standfestigkeit von Michael zu spüren.

... ...

„Magst Du mir noch etwas zu Dir sagen, Michael?“

„Mich kennst Du am besten von den Erzengel, weil Du soviel denkst.“

„Hm – gibt es vielleicht noch etwas, was von allgemeinem Interesse wäre?“

„Achte darauf, wann Denken ansteht und wann etwas anderes.“

„Ja, gut ... Danke, Michael.“

„Bitte.“

„Ho!“

8. Element:
der 29. Pfad *von Malkuth nach Netzach*

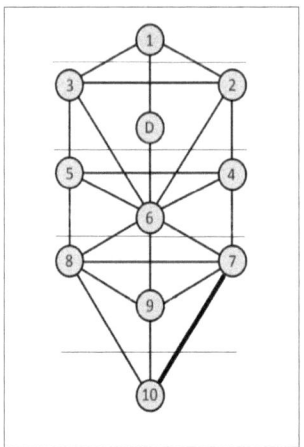

1. Traumreise   (Jörg und Harry)

Wir treten durch das Tor am Rande von Malkuth, das zu dem Pfad nach Netzach führt. Wir finden uns in einem Dickicht wieder, das schon bald geradezu zu einem Dschungel wird, durch den unser Vorankommen sehr mühsam ist. Während dieses sich-vorwärts-Kämpfens durch die Ranken und Dornen hatten wir immer wieder Mühe, ein klares Bewußtsein zu behalten und mit unserer Aufmerksamkeit nicht abzudriften, sodaß wir uns ein paarmal gegenseitig wieder auf den Pfad zurückholen mußten.

Es dauert eine Weile, bis sich das Gestrüpp lichtet und das Gehen einfacher wird. Nach und nach verwandelt sich die Wildnis in einen Park mit weiten Wiesen, Blumen und Bächen – auf dem Weg vom Malkuth-Ende dieses Pfades zu dem Netzach-Ende dieses Pfades verwandelt sich die Natur in Kultur.

Wir hatten sehr deutlich den Eindruck, daß der anfängliche Dschungel auf diesem Pfad und die Konzentrationsschwierigkeiten damit zu tun haben mußten, daß wir unsere Gefühle (Netzach) wohl noch nicht so ganz mühelos erden können (Malkuth). Im Vergleich dazu war der Pfad von Malkuth nach Hod, also die Erdung der eigenen Gedanken sehr viel einfacher – was eine zutreffende Beschreibung unseres Charakters ist. Der Pfad von Malkuth nach Yesod war ebenfalls deutlich einfacher, was sicher an unserer Übung, innere Bilder wahrzunehmen und verborgene Strukturen zu erkennen, liegt.

2. Traumreise   (Harry)

Ich beginne in Malkuth. Das Tor zum 29. Pfad, der von Malkuth nach Netzach führt, hat etwas romantisches und ist Efeu-umrankt. Ich gehe durch das Tor.

Es ist eine Park-ähnliche, bäuerliche Landschaft: Wälder, Felder, Weiden, Baumreihen, Bäche, Bänke, geschützte Winkel ... Ich gehe durch diese Landschaft an einem Bach entlang. Das ist alles sehr organisch, gestaltet, aber auch mit der Freiheit für die Dinge, die hier wachsen, sich so zu entfalten, wie sie wollen ... ein bißchen wie ein alter, leicht verwilderter Park mit vielen Freiflächen, der nur noch wenig gestaltet wird, aber dadurch eine große Ausstrahlung hat ...

... ...

„Was ist hier wichtig?"

„Du."

„Ich?"

„Ja."

„Hm ... wieso?"

„Überall, wo Du bist, bist Du für Dich zunächst das Wichtigste."

„Hm, ja, das verstehe ich – aber ich habe den Eindruck, daß ich den wesentlichen Punkt noch nicht erfaßt habe."

„Stimmt."

„Kannst Du mir da weiterhelfen? Wer auch immer Du bist ..."

„Ich bin der 29. Pfad. Und, ja, ich kann Dir weiterhelfen. Was geschieht, wenn Du diese Landschaft siehst?"

„Ich atme auf, ich erblühe, ich freue mich über ihre Schönheit, ich nehme Anteil an ihr, ich schwinge mir ihr, ich bin Teil von ihr ..."

„Und wie war das auf dem 31. Pfad von Malkuth nach Hod, der mir gegenüber auf der anderen Seite des Lebensbaumes liegt?"

„Das war distanziert, sachlich, analytisch, strukturiert, denkerisch ... Ja, ich glaube, ich verstehe jetzt, was Du meinst. Dort drüben stand ich den Dingen gegenüber hier nehme an ihnen teil. Deshalb kann ich diesen Pfad nicht erleben, wenn ich nicht nicht selber präsent bin."

„So ist es."

„War das das Wichtigste, was es hier für mich zu entdecken gab?"

„Ja. Drüben objektiv, hier subjektiv."

„Und auf dem 32. Pad von Malkuth nach Yesod in mir selber und ein Teil der allgemeinen Lebenskraft."

„Ja."

„Danke."

„Bitte."

„Ho!"

9. Element:

der 28. Pfad *von Yesod nach Netzach*

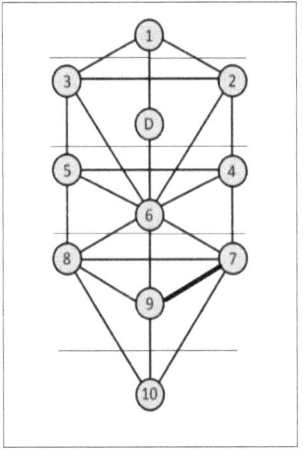

1. Traumreise   (Jörg und Harry)

Der Charakter dieser Traumreise ähnelte der Traumreise auf dem 29. Pfad von Malkuth nach Netzach, nur daß es hier eine Nachtwanderung durch eine weite Wiesenlandschaft war, auf der zwar keine Hindernisse waren und wo auch nichts Auffälliges geschah, aber wo derselbe Widerstand wie auf dem 29. Pfad herrschte und wo wir ebenfalls Konzentrationsschwierigkeiten hatten.

Auffällig an dieser Traumreise war die Wiesenlandschaft. Gras ist eine Pflanze und stellt somit „vegetative Lebenskraft", also das eigene Gedeihen dar. Im Gegensatz zu einem Baum, in dem eine sehr große Menge Lebenskraft organisiert ist, ist die Lebenskraft im Gras deutlich weniger organisiert. Anders gesagt stellt eine Wiese eine wenig integrierte und individualisierte Form der Lebenskraft dar, während ein Baum eine sehr stark integrierte und individualisierte Form der Lebenskraft ist.

Daraus mußten wir dann schließen, daß es für uns noch einiges zu tun gibt, was das Ausdrücken und Ausleben unserer Gefühle betrifft. Wäre das Dickicht auf dem 29, Pfad durchlässiger gewesen, hätten wir offenbar inzwischen weniger Mühe, alle unsere Gefühle ungehindert zu zeigen. Und hätten wir auf dem 28. Pfad Bäume oder gar Tiere getroffen, wären unsere eigentlichen Impulse in Netzach bereits zu klaren Lebensvisionen in Yesod geworden. So aber war offensichtlich, daß unsere eigentlichen Lebensimpulse (Netzach) noch ziemlich blockiert waren.

2. Traumreise   (Harry)

Ich stehe in Yesod und betrachte das Tor, durch das ich hier den 28. Pfad betreten kann, der nach Netzach führt. Ich bekomme das Bild nicht so richtig zu fassen – es hat etwas Leuchtendes, etwas Schwingendes, etwas Nebliges, etwas Rhythmisches ... sozusagen Lebenskraft, die von irgendetwas gestaltet und organisiert wird – nunja, das ist ja eigentlich schon eine Definition des 28. Pfades.

Ich gehe durch das Tor. Ich sehe fast dasselbe wie am Tor: Nebel-artige Lebenskraft, die durch Schwingungen gestaltet, koordiniert und ausgerichtet wird. Das ist zwar eigentlich recht abstrakt, aber es fühlt sich ausgesprochen organisch an.

Ich sehe nun Blätter, Blütenblätter, Knospen, Blüten, Äste, Ranken ... organische Koordination und Entfaltung ... Da führt auch ein sonnenbeschienener Pfad oder Weg durch diese Pflanzenwelt – der ist ausgesprochen angenehm zu gehen. Er ist nicht gerade, sondern verläuft in sanften, nicht ganz regelmäßigen Windungen – ähnlich wie ein natürlicher Bachlauf, nur ohne plötzliche Richtungswechsel.

Jetzt höre ich auch Vögel und sehe Schmetterlinge ... das hat etwas Paradisisches hier ... jetzt sind da auch Rehe und Wildschweine ... und Eichhörnchen und Kaninchen ...

... ...

„Was ist hier das Wichtigste?"

„Deine Anteilnehme."

„Hm, das klingt logisch und einleuchtend, aber kannst Du vielleicht noch ein paar Sätze dazu sagen?"

„Gefühl und Lebenskraft – Du erkennst Dich in dem, was Du fühlst. Du erlebst die Welt durch Deine Sinne in Yesod und Deine Beurteilung des Wahrgenommenen in Netzach. Das steuert Deine Lebenskraft und somit Deine Handlungen. Dadurch erlebst Du Dich als lebendig."

„Das war jetzt sehr klar und schlüssig. Danke. Gibt es hier noch mehr, was ich sehen sollte?"

„Es gibt hier sehr viel zu sehen, aber das Wesentliche hast Du erfaßt."

„Ja, gut. Danke. Das genügt mir erst enmal. Danke."

„Bitte."

„Ho!"

10. Element:

der 27. Pfad *von Hod nach Netzach*

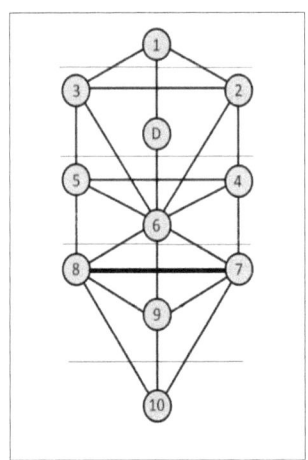

1. Traumreise   (Jörg und Harry)

Wie die beiden vorigen Pfade, die ebenfalls nach Netzach führten, war auch die Traumreise auf diesem Pfad nicht besonders befriedigend.

Unser Weg führte, nachdem wir diesen Pfad von Hod aus betreten hatten, durch eine eher flache, aber sehr felsige Landschaft, in der nur wenige Pflanzen wuchsen. Der Weg war wieder eher mühsam und die Konzentration schwierig.

Die Gründe lagen auch hier wieder in der Betonung unserer Verstandesseite (Hod) und der offensichtlich noch anstehenden Klärung einiger Gefühle bzw. Gefühlsverzerrungen in uns.

2. Traumreise   (Harry)

Ich stehe in Hod und blicke auf das Tor zu dem 27. Pfad, der von hier aus nach Netzach führt. Das ist ein stilvolles Tor in einer Steinwand, das ein bißchen was Romantisch-Barockes hat. Da gehe ich gerne durch – da erwartet man einen Schloßpark oder etwas ähnliches.

Ich öffne das Tor. Ich sehe eine weite, gestaltete Landschaft: Da ist ein Schloß, ein Teich, Park-Wiesen, Bäume, Baumreihen, Bauernhäuser, Weiden, Felder, in der Ferne kleine Städtchen ... hier kann man gut wandern. Hier sind die Schönheit von Netzach und die Nützlichkeit von Hod miteinander vereint. Hier kann man gut leben.

    ... ...

    „Was ist hier das Wichtigste?"

    „Das organische Gleichgewicht."

    „Zwischen dem Denken von Hod und dem Fühlen von Netzach?"

    „Ja – und zwischen Zivilisation und Kultur, zwischen Technik und Kunst, zwischen objektivem Betrachten und subjektiver Anteilnahme, zwischen Merkur und Venus ..."

    „Ja, das ist wohl eines der wichtigsten Gleichgewichte in der Psyche."

    „Und in der Gesellschaft insgesamt. Das eine gedeiht nicht ohne das andere und man braucht beide, um ein erfülltes Leben führen zu können."

    „Man muß rechnen können und singen können, arbeiten können und tanzen können, anstreichen und malen können, usw."

    „Ja – Nützlichkeit und Schönheit."

    „Ich nehme an, daß beides aus derselben Quelle kommt?"

    „Ja – aus Tiphareth."

    „Gibt es hier noch etwas Wichtiges?"

    „Das genügt erst einmal."

    „Danke."

    „Bitte."

    „Ho!"

11. Element:

die Sephirah *Netzach*

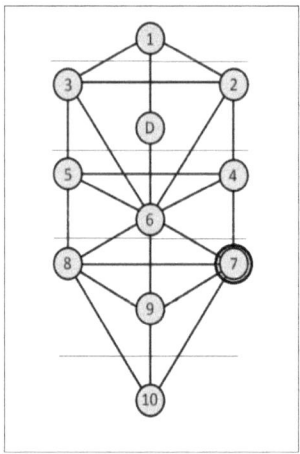

1. Traumreise   (Jörg und Harry)

Die Vision war anfangs sehr unklar, wir hatten beide Konzentrationsschwierig-keiten, was uns unseren Verdacht bestätigte, daß es in uns wohl noch einige nicht ge-heilte Gefühle geben muß. Nach einer Weile der eher mühsamen Konzentration wurde die Vision klarer und wir befanden uns in einer grasigen Hügellandschaft. Das Grün der Wiese leuchtete auffallend kräftig.

Wir hatten immer wieder Schwierigkeiten, uns gegenseitig in der Vision zu sehen, was sonst immer recht einfach ist. Der Versuch, hier so wie in Yesod und in Hod ein konkretes Wesen zu sehen, mit dem wir sprechen konnten, scheiterte – das konkreteste und individualisierteste, was wir finden konnten, war eine Blume, d.h. Jörg fand eine und ich fand eine andere.

Das Wesentliche in dieser Traumreise war das Grundgefühl in ihr, das bildhaft nur in dem kräftigen Grün des Grases zum Ausdruck kam: ein Strahlen, ein Ausgerichtet-sein und ein Einsgerichtetsein, in dem eine große Deutlichkeit und Entschiedenheit lag – wie eine getroffene Entscheidung oder noch eher wie eine klare Motivation, die dann zu einer klaren Entscheidung führt. Hier in Netzach schienen wir genau dort zu sein, wo sich eine Motivation erst in eine Entscheidung, dann in eine Auswahl und schließlich in eine Handlung konkretisiert.

Diese Grundstimmung lag über dieser freundlichen, grasbewachsenen Hügelland-schaft und zeigte sich visuell, wie gesagt, nur dem intensiven Grün des Grases, das geradezu strahlte.

Der Zustand von Netzach, genauer gesagt der Zustand unserer Wahrnehmungsmöglichkeiten von Netzach hat dann nach diesen Traumreisen dazu geführt, daß wir diese Blockaden durch Traumreisen, Familienaufstellungen und ähnliche Methoden zu einem großen Teil aufgelöst haben.

2. Traumreise   (Harry)

Ich schaue mir zuerst die drei Tore an, die nach Netzach hinein führen.

Das Tor, das von Malkuth aus nach Netzach hinein führt, sieht aus wie ein Tempeltor aus grünem Stein – ein eher schlichtes Tor zu einem Tempel der Schönheit.

Das Tor, das von Yesod aus nach Netzach hinein führt, sieht aus wie ein kupfernes Tor mit fließenden Einlegearbeiten aus Silber.

Das Tor, das von Hod aus nach Netzach hinein führt, sieht aus wie eine Blüte, durch die man hindurchgeht. Durch deses Tor gehe ich nach Netzach hinein.

Mein erster Eindruck ist: viele Pflanzen, Blüten, üppiges Wachstum. Doch es ist auch ene große Kraft hier – Motivation, Engagement, Absichten, Beurteilungen, Richtungen, Ziele, Wünsche usw. Netzach ist die Gefühls-Sephirah – und Gefühle haben eine Richtung, aber kein klares Maß. Das Maß hat Hod, das jedoch keine Richtung hat. Netzach ist die erste Sephirah, die „Feuer" hat: Alles drängt in eine bestimmte Richtung.

Feuer und Venus sind die Qualitäten, die ich hier spüre – das ist wie die Strahlen der Sonne: Absichten und der Drang, sie auch umzusetzen und ihre Verwirklichung zu erreichen.

... ...

„Was ist hier das Wichtigste?"

„Das Gewollte zu erreichen."

„Dominanz?"

„Nein – nur wenn's nötig ist."

„Also auf jeden Fall das erreichen, was man erreichen will?"

„Ja."

„Im Idealfall ist das Einsgerichtetheit?"

„Ja."

„Hm ..."

... ...

„Yahwe Zabaoth, Gottes Netzach-Aspekt – magst Du mir noch etwas dazu sagen oder zeigen?"

„Hilf Dir selber. Kümmere Dich um Dich selber. Strahle. Handle. Erreiche Deine Ziele. Setze Dich durch."

„Hm ... das ist eigentlich dasselbe, was ich eben auch schon gehört habe. ... Gibt es da noch Dinge oder Aspekte, die ich noch nicht erkannt habe und die Du mir sagen oder zeigen könntest?"

„Laß Deine Kundalini frei fließen. Sei hemmungslos. Sei ganz Du selber. Und dann laß das, was Du bist, strahlen – mit allem Feuer, das in Dir ist."

„Das ist hemmungslose Selbstgewißheit, Selbsttreue und Selbstliebe – nicht wahr?"

„Das ist das, was Netzach ausmacht. Das ist die Wurzel aller Gefühle. Das ist die Grundlage aller Gefühle, die nicht durch äußere Umstände verbogen und verzerrt worden sind."

„Hemmungslose emotionale Aufrichtigkeit."

„Ja, das ist es."

„Danke."

... ...

„Haniel, Erzengel vom Netzach – möchtest Du dem noch etwas hinzufügen?"

„Fühle nicht nur hemmungslos, sondern fühle auf Deine ganz individuelle Weise."

„Also jeder gemäß seines Horoskopes?"

„Und gemäß seiner Seele."

„Ja – natürlich."

„Das ist es?"

„Ja."

„Danke, Haniel."

„Bitte."

„Ho!"

3. Traumreise: Das Aussehen des Erzengels Haniel   (Harry)

Sein Gewand ist grün – ein kräftiges, lebhaftes Grün, das an Eichenblätter erinnert ... eben ein Venus-grün. Der Saum ist mit Ranken und Blüten verziert. Er trägt eine Kette mit einem siebeneckigen Anhänger, auf dem das Venus-Symbol abgebildet ist. Ich bin mir nicht sicher, ob sie aus Kupfer ist. Sein Haar ist kupferrot und wird von einem schmalen grünen Stirnband gehalten.

In seiner rechten Hand hält er eine Rose, in seiner linken Hand einen Speer – Netzach ist ja auch die Sephirah der Gefühle, der Begeisterung, des Nachdrucks, der Durchsetzung ...

Seine Flügel wirken besonders kräftig.

Er steht in einer Landschaft, die ein Mittelding zwischen Feldern, Gärten und Parks ist.

Er wirkt sehr aktiv. Seine Augen sind grün. Sein Blick ist feurig – er will etwas, er ist gefühltsintensiv. Ich gehe durch seinen Blick in ihn hinein. Da sind überall Gefühle, Beurteilungen, Stellungnahmen, Wünsche, Absichten, Willen, Kritik, Zustimmung, Beifall ... das ist feurig. Er will etwas in der Welt – sich ausdrücken, sich ausdehnen, seine Umgebung gestalten – das ist massiv viel Kraft.

Diese intensive Ausstrahlung entspricht dem Wesen des Sonnengeflechts, das das Chakra ist, das der Sephirah Netzach entspricht.

Ich kehre wieder vor ihn zurück.

... ...

„Was ist hier das Wichtigste, Haniel?"

„Das Strahlen und Wollen und Streben und Erreichen."

„Ja – das war auch mein Eindruck. ... Wenn ich mir anschaue, wie ich euch Erzengel auf meinen Traumreisen sehe, erscheint mir das alles so systematisch – wie viel davon ist mein eigenes Sehen und wieviel davon ist Konzept und Tradition? Und ist diese Unterscheidung eigentlich wichtig?"

„Die Systematik stammt aus Dir – Du schaust überall mithilfe desselben Rasters – Gewand, Farbe, Saum, Haare, Hände usw. Das macht den Vergleich einfacher."

„Tragt ihr denn wirklich alle ein Stirnband und eine Kette mit einem Planetensymbol?"

„Natürlich nicht. Wir haben eine Qualität und ihr gebt uns, wenn ihr Kontakt mit uns habt, eine Form, die ihr versteht. Und da ihr ähnliche innere Bilderwelten habt, werden die Formen, die uns einer von euch in seiner Traumreise gibt, auch von anderen verstanden werden. Da wir formlos sind, brauchst Du keine Hemmungen zu haben, uns eine Form zu geben, die ihr versteht. Das, was Du auf einer Traumreise siehst, ist eine Wahrnehmung, aber auch ein schöpferischer Vorgang. Du nimmst telepathisch eine Qualität wahr und übersetzt sie dann in ein Bild, dessen Bestandteile Du aus Deiner Psyche nimmst. Wie sonst solltest Du solch ein Bild verstehen können? Du mußt das Wahrgenommene in die Bilder in Deiner Psyche übersetzen – sonst würdest Du das Wahrgenommene nicht verstehen."

„Hm, ja ... so ungefähr habe ich mir das auch vorgestellt, aber Du hast es gerade sehr anschaulich und leicht verständlich formuliert. ... Dann habe ich noch eine Frage: Warum seid ihr alle Männer und nicht Männer und Frauen oder neutral? Liegt das einfach daran, daß die Vorstellung der Erzengel aus einer Zeit stammt, in der die Männer sehr dominant waren?"

„Ja. Die Flügel-Menschen sind die Seelen der Toten, also die Seelenvögel. Daraus wurden die wichtigen Ahnen und daraus dann im Königtum und im Monotheismus eine Hierarchie im Himmel. Diese wichtigen Ahnen wurden dann im Gleichnis zu der Verwaltung im Königreich Gottes zu Gottes Boten und Diener. Ähnliches findest Du bei Hermes, Merkur, Thot und den Walküren, die ebenfalls geflügelte Götterboten sind."

„Das hat sich jetzt angefühlt, als ob ich das gesagt hätte und nicht Du."

„Ich benutzte Dein Wissen und Deine Bilder, um mit Dir zu sprechen, und Du nimmst meine Qualität wahr. Du kannst in einem Gespräch zwischen zwei Menschen beide Menschen trennen, aber in einem Gespräch zwischen einem Menschen und einem Engel gibt es keine solche eindeutige Trennung, sondern ein vielfältiges Verwobensein."

„Das leuchtet mir ein ... und der kleinste Baustein von diesem Verwobensein ist die Telepathie. ... ... Das war es?"

„Wenn Du keine weiteren Fragen hast, ja."

„Im Augenblick nicht. ... Vielen Dank!"

„Bitte."

„Ho!"

12. Element:

das *untere Dreieck* (Yesod, Hod, Netzach)

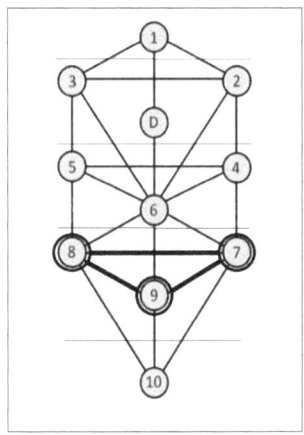

1. Traumreise   (Harry)

Was passiert, wenn ich das ganze untere Dreieck als Ziel einer Traumreise be-nutzte?

Ich gehe in dieses Dreieck. Ich sehe Trubel, Bewegung, Strukturen, Impulse, Rhyth-men – das ist Ausgestaltung, Anwendung auf bestimmte Bereiche. Das entspricht in der Astrologie der „beweglichen Dynamik", d.h. der Anwendung der vier Elemente – das sind die „beweglichen" Sternzeichen Schütze, Fische, Zwillinge und Jungfrau. Die haben eine große Beweglichkeit und gehen sehr stark auf die jeweilige Situation ein. Der Schütze ist der Feuerwehrmann, der Fisch der Anteilnehmende, der Zwilling der Neugierige und die Jungfrau der Handwerker.

Läßt sich das noch ein bißchen klarer und – wenn möglich – bildhafter fassen?

Ich sehe etwas, was wie ein Brotteig oder eine Suppe mit vielen Zutaten oder etwas ähnliches ist. Man könnte das „organische Vielfalt" nennen.

... ...

„Was ist hier das Wichtigste?"

„Die Ausgestaltung."

„Kannst Du dazu noch ein paar Worte mehr sagen?"

„Das Wesen einer Sache wird in vielfältiger Weise in vielfältigen Situationen umge-setzt und ausgedrückt und bleibt dabei stets sich selber treu – es bleibt stets ein unverfälschter Selbstausdruck."

„Das ist wirklich präzise und anschaulich. Danke!"

„Bitte." – „Ho!"

13. Element:

der *Graben* zwischen Netzach/Hod/Yesod und Tiphareth

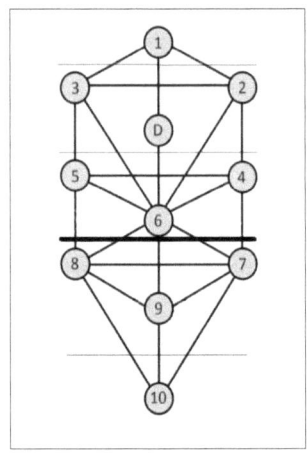

1. Traumreise   (Harry)

Wie sieht der Graben aus? ... Ein großes, zweiflügeliges Tor aus dunklem Metall – sehr imposant. Das hat was von einem Burgtor hinter einer Zugbrücke über einen Burggraben – und in der Burg ist etwas Wertvolles. Das Tor trennt zwei Bereiche, aber anders als dies bei der Schwelle war. Hier wird das Innere eines Zentrums – die Burg – von dem übrigen getrennt – also vom Umland.

Man braucht Entschlossenheit, um durch dieses Tor gehen zu können. Das Tor führt zu einem Schatz.

... ...

„Was ist hier das Wichtige?"

„Mut."

„Mut wozu?"

„Sich selber zu begenen – ohne jeglichen Schleier."

„Ein Spiegel?"

„Wenn Du so willst – die Tür wird, wenn Du sie geöffnet hast, zu einem Spiegel, in dem Du Dich selber siehst."

„Hm ... ja ... das ist dann das Wesentliche, oder?"

„Ja."

„Danke."

„Bitte."

„Ho!"

14. Element:

der 26. Pfad *von Yesod nach Tiphareth*

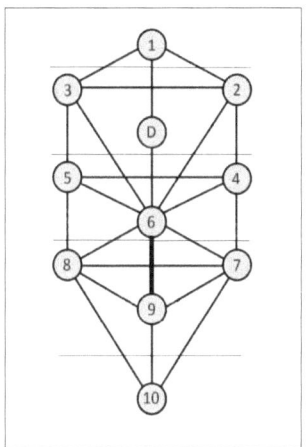

1. Traumreise   (Jörg und Harry)

Dieser Pfad führte von Yesod aus durch einen nächtlichen Wald, der sich nach einer Weile, während sich die Sonne über dem Horizont erhob, zusehends lichtete. Nachdem wir einen Bach überquert hatten, gingen wir schließlich durch eine weite Ebene, in der wir vor uns einen Steinkreis sahen – Tiphareth.

Die Vision der aufgehenden Sonne bzw. der aus dem Meer (Yesod) aufsteigenden Sonne (Tiphareth) ist die traditionelle Vision beim Überqueren des Grabens. Dieser Übergang wird auch Paroketh, also „Schleier" genannt – es ist der Schleier der Nacht, der das Bewußtsein eingehüllt hatte und der nun durchsichtig wird und den Blick auf die Seele ermöglicht. Der Bach ist auf diesem Pfad das Symbol des Grabens.

Dieser Pfad stellt den Weg von der Seele in Tiphareth über die Zeugung des Körpers der neuen Inkarnation der Seele bis hin zu dem Heranwachsen des Embryos im Mutterleib in Yesod dar – bzw. in der „Wanderrichtung" von unten nach oben das Wiederfinden der Seele, die Rückverbindung zur Seele.

2. Traumreise   (Harry)

Ich verlasse Yesod. Das Tor zu dem 26. Pfad, der von Yesod nach Tiphareth führt, ist wie das Bild eines Sonnenaufgangs, der weitestgehend hinter Nebel verborgen liegt.

Ich gehe in diese Nebellandschaft hinein. Der Nebel klärt sich immer mehr, je weiter ich auf diesem Pfad vorankomme. Es wird immer heller. Am Anfang des Pfades war durch den Nebel hindurch nur ein winziges Stück der Sonne über dem Horizont und zu sehen – jetzt wird sie immer deutlicher und sie ist fast vollständig zu sehen. Der Sonnenaufgang ist offenbar das Thema dieses Pfades. Es wird auch immer heller und wärmer – ich spüre die Wärme der Sonne auf meiner Haut.

... ...

„Was ist hier das Wichtigste?"

„Das, was Du siehst."

„Die Sonne?"

„Das, was Du siehst."

„Also die Selbsterkenntnis?"

„Ja."

„Dann ist der Nebel die Menge an falschen Vorstellungen über mich selber?"

„Das kann man so sagen."

„Das heißt, ich begegne auf diesem Pfad meinem Schatten?"

„Das ist gut möglich – auf jeden Fall wohnt er hier."

„Und was muß ich dann tun?"

„Ihn umarmen – er ist ein Teil von Dir."

„Ja ... das kenne ich so aus etlichen Meditationen und Ritualen ... Gibt es noch etwas Wichtiges?"

„Wenn Du Dich selber wie in einem makellosen Spiegel betrachtest, hast Du alles getan, was Du auf diesem Pfad tun kannst."

„Ja, das verstehe ich. ... Danke."

„Bitte."

„Ho!"

15. Element:
die *untere Pfad-Kreuzung* (27. Pfad und 26. Pfad)

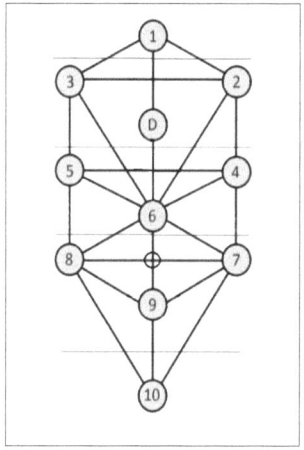

1. Traumreise   (Harry)

Dieses Element kommt in der klassischen Kabbala nicht vor, doch es ist mir immer wieder aufgefallen – diese drei Pfad-Kreuzungen. Deshalb werde ich jetzt mal zu ihnen reisen und sie untersuchen.

Was ist dort? Da ist so etwas wie ein Strudel, ein Wirbel, eine Stelle, an der sich etwas konzentriert. Diese Stelle ist noch Teil der Psyche, da sie in dem Dreieck Netzach/Hod/Yesod liegt. Sie strebt aber danach, aus der Psyche herauszukommen und die Seele zu erreichen. Hier ist also die Sehnsucht der Psyche nach der Seele. Folglich sollte hier das Tor mit dem Symbol sein, das man für die Reise zur eigenen Mitte verwenden kann: das Hexagramm mit der Sonne im Zentrum ($\not\approx$ + $\odot$), der Kreis mit dem Kreuz in ihm ($\oplus$), und das Kiën-Symbol aus dem I Ging ($\equiv$).

Das letzte war jetzt wieder mehr Wissen als Sehen. Was sehe ich an dieser Stelle – an diesem Tor zur Seelen-Einweihung, wie man es auch nennen könnte?

Da brennt etwas in mir, da ist ein Feuer entfacht worden, da ist eine heftige Sehnsucht nach mir selber, nach meiner Mitte, nach meiner Seele. Da ist ein massiver Drang, zu meinem Herzchakra zu gelangen – Malkuth ist mein Körper, Yesod mein Wurzelchakra, Hod mein Hara, Netzach mein Sonnengeflecht und Tiphareth mein Herzchakra, das man auch „Seelenchakra" oder „Sonnenchakra" nennen könnte.

Gut – diese Chakrenzuordnung zu den Sephiroth war jetzt auch wieder Wissen und nicht Sehen. Was sehe ich?

Da ist einfach diese massive Sehnsucht, meine eigene Mitte zu finden – meinen Lebenssinn.

... ...

„Was ist hier wichtig?“

„Du.“

„Ich?“

„Ja.“

„In welcher Weise?“

„Die Eiche will die Eichel erkennen, aus der heraus sie entstanden ist und deren Wesen sie nun ausdrückt.“

„Ist diese Pfadkreuzung dieser Selbstausdruck?“

„Wenn Du von Tiphareth nach Yesod hin schaust, schon.“

„Und von Yesod nach Tipahreth hin gesehen ist sie die Sehnsucht nach Selbsterkenntnis?“

„Ja.“

„Dann scheint diese Stelle ja so etwas wie der „kreative Punkt“ zu sein.“

„Ja, das ist er.“

„Wie ist sein Zusammenhang zu dem Graben?“

„Er liegt unterhalb des Grabens – d.h. es geht um Impulse in der Psyche. Der 26. Pfad kreuzt den Graben – d.h. er steht sowohl mit der Seele in Tipahreth als auch mit der Psyche in Yesod in Kontakt. Der 27. Pfad verbindet das Denken in Hod mit dem Fühlen in Netzach – d.h. beides wird durch den Punkt in der Mitte dieses Pfades ins Gleichgewicht gebracht. Die vier Enden der beiden Pfade, die sich hier kreuzen, verbinden die Seele in Tiphareth mit dem Fühlen in Netzach, dem Denken in Hod und der Erinnerung ni Yesod – d.h. von diesem Punkt aus kann die Seele die gesamte Psyche lenken und von diesem Punkt aus kann die gesamte Psyche die Seele erkennen.“

„Das klang jetzt so, als hätte ich mal klar gedacht.“

„Ich habe Deinen Verstand benutzt, um Dir diese Dinge zu sagen.“

„Wer bist Du eigentlich?“

„Ich bin diese Pfad-Kreuzung auf dem Lebensbaum. Und ich bin ein Teil des Lebensbaumes, d.h. ich spreche auch als der ganze Lebensbaum zu Dir.“

„Hm – das klingt schlüssig. ... Das war das Wesentliche?“

„Die nächste Stufe an Wesentlichem, die Dir gut zugänglich ist.“

„Schön formuliert ... Danke.“

„Bitte.“

„Ho!“

16. Element:

der 25. Pfad *von Hod nach Tiphareth*

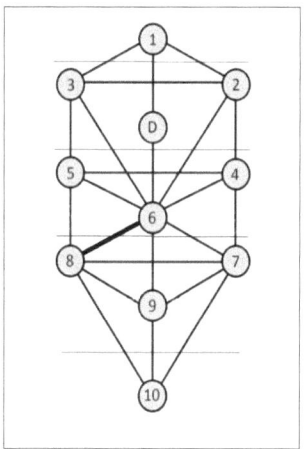

1. Traumreise   (Jörg und Harry)

Nachdem wir das Tor zu diesem Pfad durchschritten hatten, fanden wir uns vor einer großen Menge von Wegen und Abzweigungen wieder, die alle interessant aussahen und wir hörten die verschiedensten Dinge – alles in allem war die Szenerie also voller Ablenkungen. Es wurde ziemlich schnell klar, daß das Wesentliche auf diesem Pfad aber die Stille war, der Blick auf das, was in uns hier gerade erlebt, was hier hört, sieht, denkt usw. Solange wir diese „aufmerksame Stille" in uns hatten, war der weitere Weg vollkommen klar, aber wenn wir diese „Zen-Meditationshaltung" verloren, waren die Ablenkungen verwirrend.

Schließlich lösten sich die Bilder, die wir sahen, und die Worte, die wir hörten, auf und es erschien die Sonne von Tiphareth.

Das Erlangen der Gedankenstille, die auf diesem Pfad notwendig war, ist die klassische und zugleich effektivste Methode, um von dem Verstand (Hod) zur Seele (Tiphareth) zu gelangen. Sie besteht im Grunde genommen ganz einfach darin, daß man seine Aufmerksamkeit nicht auf die Bewußtseinsinhalte (Hod), sondern auf das Bewußtsein selber (Tiphareth) richtet, bis man schließlich die „in sich ruhende Stille", die keine Gedanken, Bilder oder Gefühle mehr enthält, findet: das sich seiner selbst bewußte Bewußtsein.

2. Traumreise   (Harry)

Ich stehe vor dem Tor in Hod, hinter dem sich der Pfad von Hod nach Tiphareth befindet. Es ist aus einem hellen Material, das Elfenbein ähnelt, gefertigt worden und ist mit konzentrischen, Mandala-ähnlichen Mustern verziert.

Ich gehe durch das Tor hindurch. Ich sehe eine weite, flache Landschaft, die weiter hinten in das Meer übergeht. Am Horizont ist die aufgehende Sonne zu sehen.

Diese Szenerie hat mich ein wenig überrascht – ich habe etwas Abstrakteres, Technischeres erwartet ...

Ich gehe in Richtung Sonne, die offensichtlich Tiphareth symbolisiert. Ich finde einen sandigen Pfad und folge ihm. Links und rechts sind hohe Gräser – eine Geest-Landschaft, die weiter vorne in Marschland übergeht.

Seltsam, daß hier nirgendwo Tiere oder Gebäude oder sonst etwas anderes als diese flachen Hügel, der Sand und das Gras zu sehen sind.

Ich komme in die Nähe des Meeres – hier endet das Gras und geht in eine Sandfläche über.

„Was ist hier das Wichtige?"

„Dein Weg."

„Hm, ja ... und führt der weiter Richtung Sonne?"

„Ja."

Ich gehe also weiter über den Sand und dann über das Wasser. Dabei wird mir plötzlich etwas klar: Solange ich mich am Rand des Denkens befinde, gibt es reichlich Strukturen und Formen – wenn ich jedoch zum Zentrum des Denkens kommen will, muß ich das Danken selber loslassen und schauen, „was ist". Ich muß mich zum Erkennen der Dinge auf sie einlassen und sozusagen selber zu diesen Dingen werden. Ich verlasse offenbar am Übergang vom Strand zum Meer das „normale Denken".

Ich gehe weiter über das Wasser. Die Sonne zieht mich immer stärker an und ich gehe auf sie zu ...

Mittlerweile bin ich weit draußen auf dem Meer und die Sonne steigt immer weiter am Horizont empor und wird immer heller.

17. Element:

der 24. Pfad *von Netzach nach Tiphareth*

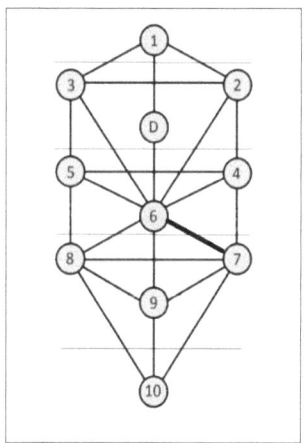

1. Traumreise   (Jörg und Harry)

Nachdem wir von Netzach aus durch das betreffende Tor in den 24. Pfad getreten waren, konnten wir zunächst ein Stück recht mühelos vorwärtsgehen. Die Landschaft war irgendwie diffus – wir konnten nicht wirklich klar erkennen, wo wir waren. Schließlich hatten wir das Gefühl, uns zwar zu bewegen, aber nicht wirklich vorwärts zu kommen.

An diesem Punkt versuchten wir es mit Konzentration und mit Anstrengung und mit Geschwindigkeit und ähnlichem, bis wir schließlich erkannten, daß hier nur die Bündelung weiterhilft, und zwar die Bündelung von allem, was wir sind einschließlich unserer Schattenseiten. Erst als wir erkannten, daß Tiphareth wie die Sonne ist, deren Strahlen die Gefühle in Netzach sind, und wir uns unserem jeweiligen Tiphareth, also unseren Seelen geöffnet haben, bündelte sich alles und wurde alles klarer, bis wir schließlich das goldenen Licht von Tiphareth erreichten.

Der Graben, der auf dem Weg von der Psyche zu der Seele überquert werden muß, taucht in den betreffenden Traumreisen auf verschiedene Weise auf:
- Yesod-Tiphareth: Bach, aufgehende Sonne;
- Hod-Tiphareth: das Erlangen der Gedankenstille;
- Netzach-Tiphareth: die Bündelung der gesamten Psyche, die Reintegration der Psyche.

47

2. Traumreise (Harry)

Ich stehe in Netzach und betrachte das Tor, das von hier aus über den 24. Pfad nach Tiphareth führt.

Es ist ein altes Tor. Links und rechts von ihm ist eine alte Steinmauer und direkt neben dem Tor sind zwei aus Steinblöcken gefügte Säulen. Das Tor selber ist aus Schmiedeeisen – das Tor ist eine geschlossene Fläche, die mit mit rankenartigen Eisen-Ornamenten verziert ist ... oder ist das Kupfer? Diese Ornamente sind nicht konzentrisch, aber sie scheinen in der Mitte so etwas wie einen Samen zu haben, aus dem heraus sie wachsen. Da scheinen auch mal Einlegearbeiten aus Silber gewesen zu sein – aber da bin ich mir nicht ganz sicher. Das ganze Tor ist von Rankenpflanzen bewachsen und steht in einem Park. Viel romantischer und verheißungsvoller geht's eigentlich nicht mehr ...

Ich öffne das Tor und gehe hnidurch. Ich sehe eine weite, offene Landschaft, die leicht abwärts führt. Es gibt aber auch Baumgruppen und Baumreihen – die Land-schaft ist also nicht ganz offen. Es ist auch leicht hügelig. Ich gehe weiter und errei-che unten die Ebene. Dort steht auf einer etwas freieren Fläche ein Schloß – so etwas hätte ich eher auf dem Pfad von Hod nach Tiphareth erwartet. Aber es ist ja ein Schloß, kein Verwaltungsgebäude und auch keine Konzernzentrale – dann paßt das schon zu diesem Pfad. Das Schloß weckt in mir ja auch Gefühle und keine Konzepte.

Ich gehe zu diesem Schloß. Ringsum stehen uralte Bäume und hier und sind ein paar Teiche mit Seerosen, Reihern, Schwänen und Eisvögeln. Gibt es hier fließendes Wasser? Einen Bach oder so? Hm – nur ein paar sehr kleine Bäche. Aber dort in der Nähe des Schlosses ist ein Springbrunnen.

Eine bemooste Brücke führt zu einem Tor und dann weiter in den Schloßhof hinein. Vor mir ist das Hauptgebäude, links und rechts und an den beiden Seiten des Tores die Nebengebäude.

... ...

„Was ist hier das Wichtige?“

„Der Brunnen im Hof.“

Oh – ich wäre in das Schloß gegangen um den Hauptsaal zu suchen. ... Also der Brunnen – ja, da ist er. Er befindet sich fast in der Mitte des Hofes.

„Und nun? Hineinsteigen?“

„Heraufrufen.“

„Du überraschst mich ... O.k. ... Was auch immer da unten in dem Brunnen woh-nen mag, ich bitte Dich, zu mir herauf zu kommen.“

Da erscheint eine weibliche Gestalt, die halb durchsichtig ist und deren bläuliches Gewand ebenfalls halb durchsichtig ist. Das ist die Fee aus den Märchen, die ich in meiner Schulzeit geschrieben habe ...

„Hallo ... es ist schön, Dich zu sehen.“

Sie lächelt, aber irgendetwas scheint nicht in Ordnung zu sein.

„Was ist los? Magst Du mir das sagen?"

„Du hast mich nicht mehr in Deinem Leben. Deshalb ist Dein Leben nur noch halb."

„Bist Du meine innere Frau? Das weibliche Spiegelbild meiner Seele?"

„Sei nicht so technisch. Was fühlst Du, wenn Du mich siehst?"

„Liebe."

„Das ist das, was Dir fehlt."

„Ja ... und nun? Was kann ich tun?"

„Was willst Du?"

„Dich in meinem Leben haben."

„Dann tu das."

„Ehm ... wie?"

„Indem Du es wirklich willst und indem Du Deinen Willen dann erdest."

„Das will ich."

Ich greife nach ihren Händen und bin mir unsicher, ob ich da nur in Nebel greife, aber ich kann ihre Hände nehmen. Dann umarmen wir uns. So stehen wir lange Zeit da.

Ich bin mir unsicher, ob diese Geschichte hier noch weitergeht oder nicht ...

Ich frage sie danach.

„Das hängt von Dir ab. Von dem, was Du willst."

„Ich bin froh, Dich wiedergetroffen zu haben. ... Ich glaube, es ist erst einmal genug. ... Nein, da ist noch etwas, was jetzt sein sollte – aber was? ... Weißt Du es? ... Da ist etwas, was Du mir zeigen könntest – etwas, was wichtig ist. ... Das hat etwas mit grünen Edelsteinen zu tun."

Sie lächelt, läßt meine linke Hand los und zieht mich an meiner rechten Hand haltend, in Richtung Schloß. Ich bin verwundert, weil ich angenommen habe, daß wir in den Brunnen hinabsteigen müßten.

Wir gehen in das Schloß hinein und kommen an dem Hauptsaal vorbei, aber gehen dann eine Treppe hinab in die Kellergewölbe, dann eine Wendeltreppe hinab in noch tiefer gelegene Räume, dann noch eine schmale Stiege hinab, dann lange, abwärts führende Gänge entlang, bis wir schließlich zu einer Tropfsteinhöhle gelangen.

Ich frage mich kurz, ob das Schloß denn auf Kalkstein steht, da es hier sonst keine solche Höhle geben könnte. So ein Unsinn – das ist hier ein wenig unpassend.

Ich schaue mich in der Höhle um. Von irgendwoher kommt hier Licht, das alles ein wenig erleuchtet – dieses diffuse Licht, das auch in Träumen alle Dinge erleuchtet.

In der Mitte der Tropfsteinhöhle ist ein See. In seiner Mitte ragt ein Tropfstein ein stückweit über das Wasser empor und auf ihm ist der grüne Kristall, den ich vorhin schon gesehen habe.

Ich blicke die Fee an und frage sie, ob ich dahin gehen sollte und ob sie mitkommt.

„Gehe, wenn Du willst. Aber ich bleibe hier am Rand.“

„Wartest Du auf mich?“

„Warum sollte ich fortgehen? Jetzt, wo Du Dich endlich an mich erinnert hast?“

„Ja … Danke! … Dann gehe ich mal da rüber.“

Ich wate durch das flache Wasser und komme zu dem Felsen in der Mitte des Sees. Ich schaue den grünen Kristall an und versuche seine Qualität zu spüren. … Organisch, liebevoll, temperamentvoll, strahlend, selbstsicher, gedeihend, aufblühend, wachsend, rankend, genießend, lustvoll, erotisch, schön … Das ist ein Venus-Stein, aber er hat auch Sonnen-Qualitäten – sozusagen das Zentrum der Venus, das Herz der Venus …

„Was ist das Wichtigste, das ich hier tun kann?“

„Mich sehen. Mich spüren. Mich lieben.“

„Ja, das tue ich.“

„Dann nimm mich mit in Dein Leben auf.“

„Ja, das will ich.“

Es klingt komisch, aber Der grüne Edelstein scheint zu lächeln. … Ich lächle zurück.

Ich gehe durch das flache Wasser zu der Fee zurück. Ich habe noch immer das Gefühl, daß noch etwas fehlt.

Da sagt sie „Du Dummer! Ein Kuß fehlt noch!“

Da küssen wir uns.

18. Element:

die Sephirah *Tiphareth*

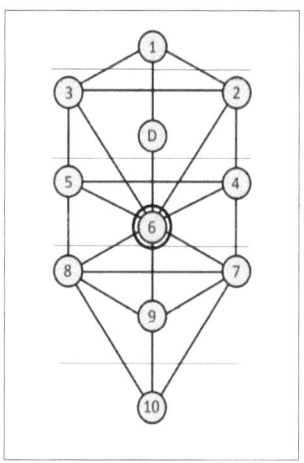

1. Traumreise   (Jörg und Harry)

Zu dieser Sephirah, die die Seele darstellt, haben wir im Zusammenhang mit dieser „kabbalistischen Traumreisen-Serie" keine Traumreise unternommen, da wir bereits vorher des öfteren nach Tiphreth gereist waren.

Die generelle Struktur von Tiphareth ist der „zentrale Ort": ein Tal, eine Lichtung, ein Steinkreis, eine große Halle, ein Tempel, ein Gipfel, ein Mandala, eine Wegkreuzung usw.

Wenn man zu dieser Sephirah reist, begegnet man an diesem Ort dann einer Gestalt, die man an verschiedenen Merkmalen als das Yesod-Bild der eigenen Seele erkennen kann. Man findet auf einer Traumreise nicht die Seele selber, da man sich bei allen Traumreisen in der Bilderwelt von Yesod befindet, aber dieses Bild der Seele in Yesod ist eine sehr enge Verbindung zur Seele, sozusagen ein sehr kurzer Weg zu ihr.

Die Merkmale dieses Seelenbildes sind: Leuchten, oft eine goldene Farbe, Weisheit, Klarheit und sehr intensiv und auf den Grund der Dinge blickende Augen (wenn das Bild eine menschliche Gestalt ist). Diese Merkmale können alle zusammen auftreten oder auch einzeln. Die Augen einer Seele haben eine Intensität, die man höchstens in ganz seltenen Fällen einmal bei kleinen Kinder sehen kann. Das Grundbild der Seele, also die Quelle aller dieser Merkmale, ist die strahlende Sonne. Daher erscheint sie auf Traumreisen auch oft als goldene Kugel (wie in dem Märchen „Froschkönig").

51

2. Traumreise   (Harry)

Drei Pfade führen nach Tiphareth, drei Pfade enden an einem Tor:

Das Tor am Ende des Pfades, der von Yesod hierher führt, ist aus Silber. In das Silber ist aus Gold ein Hexagramm und in dessen Mitte das Sonnensymbol eingelegt. Am Rand dieses Symbols sind Mondsteine und Opale zu sehen.

Das Tor am Ende des Pfades, der von Hod hierher führt, ist aus Bronze. In die Bronze ist ein zwölfstrahliger Stern enigelegt. An den Enden der Strahlen sind die zwölf Tierkreiszeichen zu sehen, in der Mitte die Sonne.

Das Tor am Ende des Pfades, der von Netzach hierher führt, ist aus Kupfer. In das matt-bräunlich angelaufene Kupfer ist mit rötlichem, poliertem Kupfer eine Blüte eingelegt. Auf den Blätter-Ornamenten rings um diese Blüten sind gefaßte Malachite, in der Blüte selber sind grüne Turmaline, blaßblaue Aquamarine und rote Rubine eingefaßt worden.

Ich betrete Tiphareth durch das Tor, das von Netzach aus hierher führt. Ich sehe eine golden leuchtende Fläche. Sie wirkt rund, obwohl sie keinen Rand hat. Ich schaue zur Mitte und habe das Gefühl, daß ich dorthin gehen soll. Es ist jedoch kein Gehen, sondern ein Schweben. Die Mitte ist nicht markiert, aber ich weiß, daß es die Mitte ist, wo ich jetzt angekommen bin. Hier bildet sich um mich herum eine Art Hitze-Kugel. Ich habe den Eindruck, daß sie golden leuchtet, obwohl ich das nicht optisch sehe.

Hier ist es zugleich still, erfüllt, strahlend und eindeutig. Das ist offenbar die Seelenqualität.

Das ist sehr schlicht – ich hatte mehr Details oder eine Landschaft erwartet. Von Traumreisen kenne ich diesen Ort als Tempel, See, Insel, Sonne, Goldkugel, Kreuzung, Schloß, Lichtung, Steinkreis usw. – das sind alles Bilder für die „heilige Mitte". Gut – also jetzt: eine goldene Fäche mit einer Hitzekugel im Zentrum.

... ...

„Yod-He-Vau-He Eloha va-Da'ath, Tiphareth-Aspekt Gottes – gibt es etwas, was Du mir sagen oder zeigen willst?"

„Es gibt hier nicht zu zeigen, sondern nur etwas zu sein."

„Hm – und bin ich das schon?"

„Weitgehend ja."

„Und gibt es etwas Allgemeines, also etwas, was für viele nützlich wäre, wenn sie es wüßten?"

„Erkennen Dich selbst. Sei in Deiner Mitte. Tu was Du willst. Drücke aus, wer Du bist. Lebe Deine Wahrheit. ... Es gibt viele Formulierungen dieser Essenz."

„Danke, Jahwe."

„Bitte."

... ...

„Möchtest Du, Raphael, Erzengel von Tiphareth, der im Herzen der Sonne steht,
noch etwas dazu sagen?"
„Sei Du selber. Das ist alles."
„Danke."
„Bitte."
„Ho!"

3. Traumreise: Das Aussehen des Erzengels Raphael (Harry)

Er trägt ein gelbes Gewand, das goldgelb changiert, also im Faltenwurf goldgelb
schimmert. Sein Saum ist ein Muster aus ornamentalen Flammen und Strahlen. Er
trägt eine goldene Kette, an der ein ebenfalls goldener, sechseckiger Anhänger mit
dem Sonnensymbol hängt. Er hat goldblondes Haar, das von einem schmalen Stirn-
band gehalten wird, auf dem vorne in der Mitte das Sonnensymbol zu sehen ist.

Er hält beide Hände so erhoben, das sie seitlich von seinem Kopf, aber ein stück-
weit vom Kopf entfernt sind – eine grüßende und segnende Geste. Seine Handflächen
weisen dabei nach vorne. Er hält nichts in seinen Händen.

Seine großen Flügel strahlen Wärme und goldenes Licht aus.

Sein Blick ist intensiv und wärmend – innig, zentrierend, bewußtmachend ... eben
„sonnig". Man spürt, daß Raphael der Tiphareth-Erzengel ist: Er weckt das Bewußt-
sein über die eigene Seele in dem, der Raphael anschaut.

In dieser Betonung der Seele zeigt sich der Zusammenhang zwischen Tiphareth und
dem Herzchakra – zumal das Herzchakra ja auch das „Sonnenchakra" ist. Raphael
ist „der Engel, der in der Sonne steht".

Seine Augen sind bernsteinfarben.

Ich tauche durch seinen Blick in ihn hinein und sehe nun die Welt aus seiner Sicht:
In allem leuchtet das Herzchakra, d.h. die Seele wie eine Sonne. Das habe ich vor
langer Zeit das erste mal als intensive Vision im Ballett-Unterricht erlebt. Dadurch
werden die Menschen auf einmal alterslos, weil nur der Körper ein Alter hat, aber
die Seele nicht diese Form von Alter wie der Körper hat. Und alle strahlen – ob sie
dies nun bewußt tun und erleben oder auch nicht.

Ich kehre aus Raphael zurück und bin wieder vor ihm.

„Was ist das Wichtigste?"
„Die Seele."
„Ja ... dazu gibt es vermutlich nicht viel zu sagen, oder?"
„Es gäbe viel dazu zu sagen, aber das Leben aus der eigenen Seele heraus ist das
Wichtigste. Alles weitere ist einfacher jedem Einzelnen zu sagen, weil jeder anderes
ist."
„Ja, gut ... Vielen Dank!" – „Bitte." – „Ho!"

19. Element:

der 23. Pfad *von Hod nach Geburah*

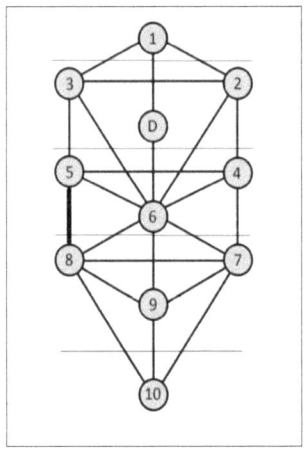

1. Traumreise   (Jörg und Harry)

Durch das Tor zum 23. Pfad am Rand von Hod gelangten wir in eine Waldland-schaft, die zunehmend felsiger und gebirgiger wurde. Anfangs gab es noch vereinzelte Eichen und Birken, aber schließlich nur noch Fichten und hin und wieder ein paar Kiefern. Wir folgten einem langen Weg der auf halber Höhe an den Hängen von immer tieferen Tälern entlangführte. Schließlich sahen wir in der Ferne eine Burg – Geburah.

Auf dieser Traumreise geschah ausgesprochen wenig. Auch ein deutliches Symbol für den Graben wie z.B. eine Brücke oder ein Tunnel fehlte.
Die Szenerie glich sehr der auf dem Pfad von Geburah nach Binah.

2. Traumreise   (Harry)

Wie sieht das Tor aus, das von Hod auf den 23. Pfad führt? Rechtwinklige Formen, die aus Eisen geschmiedet sind – das erinnert an einen Hämathit.
Ich gehe durch diese Tür. Da sind heftige Kräfte am Werk, die Strukturen formen. Es riecht herb, fast brennend – das erinnert ein wenig an Fabriken ...
Hier führt ein Pfad zwischen eckigen Felsen hindurch, die noch nicht lange hier liegen können, da sie noch nicht vom Wetter abgerundet worden sind. Ich muß an

„Mordor" aus dem „Herr der Ringe" denken – aber es ist nicht so finster wie dort, nur die Grundstimmung ist ähnlich. Der Mars von Geburah und der Merkur von Hod ergeben eben Technik und Maschinen. Aber der 23. Pfad ist im Wesentlichen doch der Pfad zwischen dem Denken von Hod und dem Gestalten von Geburah.

Wohin führt dieser Pfad? Durch die Felsen zu einer Burg auf einem Berg.

... ...

„Was ist hier das Wesentliche?"

„Du und Deine Erkenntnis."

„Meine Erkenntnis?"

„Die wird aus den Kräften heraus geboren, die Dich selber erschaffen haben."

„Ich schaue hier also auf meine Ursprünge? Auf die Geburt meiner Seele?"

„Auf Deine Prägung, auf die Modellierung Deiner Seele und auf ihre ständige Weiterverwandlung – aber nicht auf den Ursprung und die Geburt Deiner Seele. Die liegen weiter oben auf dem Lebensbaum."

„Hm, ja ... Kannst Du mir noch mehr zu diesem Pfad sagen und zu dem, was hier geschieht?"

„Du begreifst Dich, indem Du die Welt begreifst. Du begreifst Dich als einen Teil der Welt."

„Ja, das leuchtet mit ein – Geburah ist ja schon oberhalb des augenblicklichen Zustandes meiner Seele in Tiphareth. In Tiphareth sehe ich meine Seele so, wie sie war – und auch noch ist – als sie meine derzeitige Inkarnation beschlossen und durchgeführt hat. In Geburah müssen folglich die Kräfte sein, die sie zu genau dieser Inkarnation bewegt hat. Stimmt das so?"

„Du hast daran doch gar keine Zweifel – warum fragst Du mich dann?"

„Hm, naja, wenn ich schon mal die Möglichkeit habe, zu fragen, möchte ich das ja auch nutzen. Ich würde mich wundern, wenn alle meine Überlegungen falsch wären, aber das Ganze und alle Details sehe ich ja mit Sicherheit noch nicht vollkommen richtig. Kannst Du mir da irgendetwas Hilfreiches sagen?"

„Wichtig ist, dus durchzuführen und zu erleben, was sich Deine Seele für ihre derzeitige Inkarnation vorgenommen hat."

„Ja, das dürfte das zentrale Anliegen sein. Aber der Blick aufs große Ganze ist doch auch hilfreich, oder?"

„Für Dich auf jeden Fall, da das Deine Art zu denken und zu einer Orientierung zu kommen ist."

„Noch etwas?"

„Das genügt."

„Ja, gut. ... Danke."

„Bitte."

„Ho!"

20. Element:

der 22. Pfad *von Tiphareth nach Geburah*

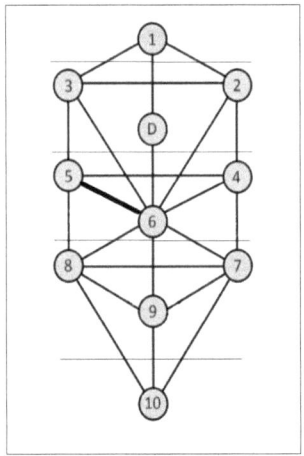

1. Traumreise   (Jörg und Harry)

Wir begannen diese Traumreise in Tiphareth und gingen durch das Tor zu dem 22. Pfad. Zunächst gingen wir durch eine weite Ebene mit z.T. schon verdorrtem Gras und einzelnen Bäumen. Nach und nach wurde die Landschaft ein wenig hügelig und es gab vereinzelte Baumgruppen, die meist aus Kiefern und Eichen und manchmal ein paar Haselsträuchern bestanden.

Nachdem wir eine Weile gegangen waren, endeckten wir die verkohlten Überreste eines Holzhauses. Es mußte wohl einmal eine einfache Blockhütte gewesen sein. Der Brand konnte noch nicht allzulange her sein, denn die Felder und Gemüsebeete rings um das Haus waren noch zu erkennen, auch wenn sie schon mit Unkraut überwachsen waren.

Unser Weg wurde allmählich bergiger und wir entdeckten noch ein paar weitere Ruinen, die offenbar verbrannt worden waren, aber es fand sich nirgendwo ein Mensch oder ein Tier.

Schließlich sahen wir vor uns auf einem Berg die uns schon von dem 23. Pfad her bekannte Burg.

Die Ruinen weisen deutlich auf vergangene Kämpfe hin. Da sich diese Szenerie im Bereich der Seele befindet, können sie auch in früheren Inkarnationen der Seele stattgefunden haben. Vermutlich sind die Ruinen nicht allzu wörtlich zu nehmen und stellen nur symbolisch frühere heftige Erlebnisse, eben das Karma der Seele dar. Auf diesen Zusammenhang mit früheren heftigen Erlebnissen ist vermutlich auch die wilde und z.T. karge Landschaft auf den beiden Pfaden nach Geburah hin zurückzuführen.

2. Traumreise   (Harry)

Ich suche nach dem Tor, durch das ich auf den 22. Pfad gelange, der von Tiphareth aus nach Geburah führt. Es ist eine runde goldene Tür, die in der Mitte rot leuchtet oder vielleicht auch rot glüht – das Gold ist die Sonne von Tiphareth, das Rot der Mars von Geburah.

Ich öffne die Tür und betrete den Pfad. Es ist düster, es ist spät Abends oder frühmorgens, also dunkle Dämmerung. Ich gehe einen Waldpfad, der leicht abwärts führt, entlang. Auf der anderen Talseite sind Berge. Der Weg führt dort hinüber. Zu beiden Seiten sind bewaldete Hänge und hin und wieder mal eine Wiese.

... ...

„Was ist hier das Wichtigste?"

„Daß Du nicht bei der Selbsterkenntnis stehenbleibst, sondern schaust, wie Du geworden bist, was Du bist, und wo heraus Du das geworden bist, was Du bist."

„Das verstehe ich, ja. Ich bin kein isoliertes Wesen, sondern Teil von etwas Größerem – also meine Seele ist das. Meinst Du das so?"

„Ja."

„Gibt es noch mehr, was wichtig ist."

„Das ist das Wesentliche."

„Danke."

„Bitte."

„Ho!"

21. Element:

die Sephirah *Geburah*

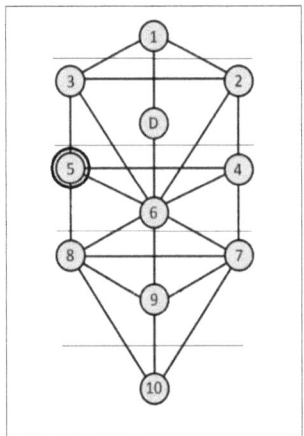

1. Traumreise   (Jörg und Harry)

Es ist Nacht, wir stehen auf einem Waldweg im Gebirge. Der Wald besteht zu einem großen Teil aus Kiefern, vermischt mit Fichten, Eichen, Birken und wenig Buchen. Wir schauen uns eine Weile um und fragen uns, wo wir hier sind. Schließlich entdecken wir auf einem Berg jenseits von zwei Tälern die uns schon bekannte Burg und machen uns auf den Weg dorthin.

Als wir sie schließlich erreichen, sehen wir, daß sie schon sehr alt ist. Sie sieht im Großen und Ganzen noch intakt aus, ist aber hier und da schon etwas am verfallen. Wir treten durch das Burgtor – es ist niemand zu sehen. Wir biegen nach rechts in den äußeren Zwinger und durch ein zweites Tor nach links in den inneren Zwinger. Schließlich kommen wir auf den eigentlichen Burghof, der recht groß ist.

Der Boden des Hofes ist gegenüber vom Tor an einer Stelle, die wie eine verfallene hohe Stufe oder eine kleine Treppe aussieht, so verfallen, daß man einen Raum unter dem Hof ahnt, und wir wissen sofort, daß dort drinnen das Wesentliche zu finden ist.

Wir steigen in das Loch ein und befinden uns in einem Kellergewölbe. Überall liegen halbvermoderte Leichen, umgeworfene Tische und Bänke, zerbrochene Kerzenhalter, rostige Schwerter, geborstene Krüge, zersplitterte Lanzen – und mittendrin liegt ein riesiger Drache.

Wir bleiben stehen und warten – und der Drache wartet auch. Nach und nach wird uns klar, daß dieser Drache zwar riesig und mächtig ist, daß er uns aber nicht übelgesonnen ist und daß er möglicherweise auch nicht die Ursache dieses Schlachtfeldes ist. Ich frage innerlich die Sephirah Geburah, ob dieser Drache die Essenz von

58

Geburah ist.

Die Antwort ist: „Deine Geburah-Essenz. Und Jörgs Geburah-Essenz."

Vermutlich ist er für uns beide nicht derselbe Drache.

Je mehr die Furcht vor dem Drachen schwindet, desto mehr Kraft spüre ich in mir. Schließlich nehme ich mein Schwert, das ich bei diesen Reisen bisweilen (imaginär) bei mir trage, und bitte den Drachen, das Schwert mit seinem Feuer zu weihen. Daraufhin spuckt er Feuer und hüllt mein Schwert in seine Lohe ein.

Schließlich bedanken wir uns bei dem Drachen und reisen zurück.

Erst sehr viel später ist mir klar geworden, daß das Schlachtfeld in dem Keller-gewölbe mein Karma war, daß die Burg meine Abgrenzung gegen den Rest der Welt ist und das der Drache die Lebenskraft war, die danach strebt, die Abgrenzungen wieder aufzulösen und mir zu ermöglichen, wieder das abgrenzungslose Bewußtsein von Daath zu erreichen. Der Drache ist eine Gestalt der „Schlange der Weisheit" gewesen und das Drachenfeuer ist das Feuer der Kundalini, die Lebenskraft und das Feuer der Ekstase, durch die man die Mittlere Säule hinaufsteigen kann.

2. Traumreise (Harry)

Das Tor des 23. Pfades, der von Hod kommt, nach Geburah hinein ist eine weißli-che Tür mit einem rotglühenden Quadrat darauf. Das ist wohl eine astrologisches Quadrat, das gerade sehr aktiv ist ...

Das Tor von dem 22. Pfad, der von Tiphareth kommt, nach Geburah hinein ist ebenfalls weiß oder hell-elfenbeinfarben. Auf ihm ist eine goldene Sonne mit zwölf geschwungenen Strahlen zu sehen, deren Kreisfläche – also die Mitte des Symbols – rot glüht.

Ich betrete Geburah über den 22. Pfad. Ich sehe überall Feuer. Erst habe ich mich ein bißchen erschrocken, aber das Feuer ist friedlich und kreativ – was nicht heißt, daß es nicht heftig wäre. Aber ich kann mich darauf einlassen, daß es alles auf eine sehr gründliche Weise reinigt, klärt, verwandelt und auf ein einziges Ziel hin ausrich-tet.

... ...

„Elohim Gibor, Geburah-Aspekt Gottes – was ist hier das Wichtigste? Kannst Du mir das sagen oder zeigen?"

„Deine Kundalini."

„Damit habe ich jetzt nicht gerechnet. Ist das die Kraft, die mich heilt, die alle Blockaden auflöst? Und ist sie auch die Kraft, die alles einsgerichtet auf ein Ziel ausrichtet? Ist das der Grund, warum die Kundalini hier das Wichtigste ist?"

„Sie ist Deine Kraft und mit Deiner Kraft handelst Du und das Handeln ist das

Wichtigste in Geburah."

„Hm ... ja, so kann man das sehen ... Aber das klingt mehr nach Mars als nach Geburah, finde ich. Ist das so oder übersehe ich da etwas?"

„Geburah trifft Entscheidungen und bringt die Dinge daher auf den Punkt. Das ist die Grundlage von effektivem Handeln."

„O.k., das verstehe ich. Wegen dieser Einsgerichtetheit, heißt es in den traditionellen Schriften ja auch, daß Geburah Kether am ähnlichsten sei. Sehe ich das richtig?"

„Ja."

„Gibt es hier noch etwas, was ich sehen oder hören und verstehen sollte?"

„Vieles, aber nicht jetzt."

„Ja, gut ... Danke!"

„Bitte."

... ...

„Samael, Geburah-Erzengel – möchtest Du dem noch etwas hinzufügen?"

„Wenn Du keine Fragen hast – nein."

„Habe ich eine Frage, die Dich betrifft? ... Hm ... Ich habe das Gefühl, daß ich mich selber noch immer nicht hemmungslos ausdrücke, also noch immer nicht wirklich ganz mich selber lebe. Was kann ich da tun?"

„Das ist mal eine kreative Frage. Werde Feuer. Lodere. Tue. Kämpfe. Streite. Lache in Konflikten. Habe Spaß an der Auseinandersetzung. Tanze. Improvisiere Musik. Schwinge. Fließe. Tue einfach das, was Du gerade wirklich willst. Es gibt keine Gefahr außer die, daß Du Dein Leben verpaßt."

„Uih! Das war jetzt aber deutlich! Danke! ... Hast Du noch einen Tipp, an welcher Stelle ich am besten anfange? Oder mit welchem Thema?"

„Vertraue Dir selber. Sei furchtlos. Riskiere stets alles. Mach keine halben Sachen. Und sei faul, wenn's grad nichts gibt, was Dich anzieht. Weniger Konzepte, weniger Moral. Sei stattdessen hemmungslos ehrlich."

„Hm ... das war schon sehr deutlich. Aber gibt es einen bestimmten Bereich, in dem das bei mir am wichtigsten wäre?"

„Willst Du nur in einem Aspekt Deines Lebens ganz Du selber werden? So'n Quatsch! Aber ja, es gibt einen Aspekt, in dem Du das am dringendsten brauchst: Beziehungen."

„Ist das der Bereich, in dem die meisten Menschen etwas Nachhilfe gebrauchen könnten? Ich habe oft diesen Eindruck."

„Ist das von Bedeutung?"

„Da noch andere dieses Gespräch lesen werden – ja."

„O.k."

„Das war's?"

„Antworten gibt es nur, wenn Du Fragen hast."

„O.k. ... Ich glaube, es genügt mir vorerst. Danke, Samael!"

„Bitte."
„Ho!"

3. Traumreise: Das Aussehen des Erzengels Samael   (Harry)

Er trägt ein rotes Gewand mit Flammen-Ornamenten an den Säumen. Er trägt unter dem Halsausschnitt seines Gewandes ein fünfeckiges Emblem mit dem Mars-Symbol – vermutlich aus Eisen, aber ich kann es nicht genau erkennen. Sein Haar ist kräftig, lockig und dunkel mit einem rötlichen Schimmer. Er trägt ein schmales Stirnband. In seiner rechten Hand hält er ein Schwert, in seiner linken Hand einige Flammen.

Sein Blick ist sehr intensiv und einsgerichtet – wie brennende Flammen, wie eine Schweißgerät-Flamme, wie ein Laserstrahl – aber dabei nicht grausam oder aggressiv, nur eben einsgerichtet und mit sehr viel Kraft. Er ist offensichtlich ein Kämpfer – Geburah ist ja auch die Sephirah des Mars, des Karmas und der Entscheidungen. Samael bringt die Dinge auf den Punkt.

Er steht inmitten von Feuer.

Die Kraft und die Durchsetzungsfähigkeit des Erzengels Samael entsprechen dem Halschakra, das diese Eigenschaften hat, wenn es gesund ist.

Seine Flügel sind groß, rot und kräftig, fast feurig – die Federn sind beinahe wie Flammen.

Auch seine Augen glühen rot.

Ich tauche in diesen Blick und sehe die Welt von innen her. Alles Wesentliche ist letztlich Tat – alles andere sind Schritte zur Tat hin. Ich verstehe, wieso es heißt, daß Geburah die Sephirah ist, die Kether am ähnlichsten ist ...

Ich kehre aus Samael zurück und stehe nun wieder vor ihm.

„Was ist hier das Wichtigste?"

„Entscheidung und Tat."

„Ja ... das habe ich gesehen ... gibt es sonst noch etwas Förderliches, das Du mir bzw. uns sagen oder zeigen könntest?"

„Kommt selber und mit konkreten Fragen."

„Ja, gut ... Danke, Samael."

„Bitte."

„Ho!"

22. Element:

der 21. Pfad *von Netzach nach Chesed*

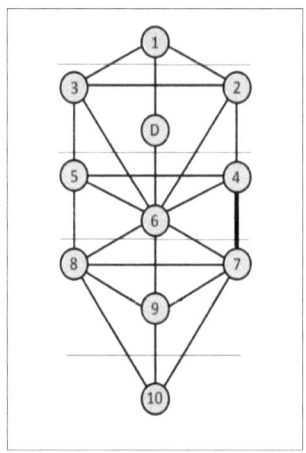

1. Traumreise   (Jörg und Harry)

Das Erlebnis auf diesem Pfad war von Leichtigkeit geprägt. Wir flogen beinahe über die weite, leicht hügelige Ebene dahin. Die Kraft für diesen „Laufflug" entstand, als wir uns, nachdem wir das Tor zu diesem Pfad durchschritten hatten, sozusagen in unsere Gefühle hineinfallen ließen. Genauer gesagt ließen wir uns in die Quelle dieser Gefühle hineinfallen – ähnlich wie auf dem 24. Pfad von Netzach nach Tiphareth.

Während das Erlebnis auf dem 24. Pfad jedoch eine Bündelung und Zentrierung war, entstand auf diesem Pfad eher etwas Erhebendes, das den Dingen Bedeutung gab. Nach einer Weile erreichten wir ein großes Schloß, das ganz deutlich die helle Qualität von Chesed ausstrahlte.

Auch auf diesem Pfad war der Graben nicht klar symbolisiert – es sei denn, daß der Beginn des „Laufluges" mit der Überquerung des Grabens übereinstimmte. Die Art der Fortbewegung erinnerte stark an die Berichte über das „Lung" der tibetischen Lamas, der eine Art Trancelauf ist, durch den die betreffenden Mönche riesige Entfernungen in sehr kurzer Zeit zurücklegen können.

2. Traumreise   (Harry)

Ich stehe in Netzach und sehe das Tor zu dem 24. Pfad vor mir, der nach Chesed führt. Das Tor ist blau und es ist der Umriß eines Quadrates eingraviert oder aufgelegt – das kann ich nicht genau erkennen.

Ich gehe durch das Tor. Mir kommt eine milde, freundliche, gütige Stimmung entgegen. Da ist auch Humor und ein freundliches, verständnisvolles Schmunzeln ... das fühlt sich nach viel Lebenserfahrung und nach Weisheit an.

Weiter hinten ist helles, blaues Licht; weiter vorne ... was ist da? Ich kann es nicht genau erkennen ... ein Weg ... oder sind das eigentlich viele Wege, die zu dem Ende dieses Pfades hin zusammenführen?

Hm ...

... ...

„Was ist hier das Wichtigste?"

„Das Murmeln."

„???"

„Das Murmeln."

„Ehm ... Klickern? Oder leises, undeutliches Sprechen?"

„Lausche auf den Klang im Hintergrund."

„O.k. ... ... Da ist so was wie Eingebungen, Intuition, nur daß das eher Gefühle als Gedanken und Ideen sind – man könnte das als „Gespür für den richtigen Weg" bezeichnen."

„Das ist das, was ich meine."

„Da ist also etwas, was meine Gefühle lenkt? Oder mich spüren läßt, ob meine Gefühle aus meiner Wahrheit oder aus einem Mangel, einer Angst oder einem Selbstzweifel kommen?"

„Ja."

„Das heißt, Chesed gibt Netzach Orientierung?"

„Ja."

„Hm ... diesen Zusammenhang habe ich so noch nie gesehen, aber er leuchtet ein. ... Das ist hier das Wichtigste? Daß man auf dieses Gespür für die Richtigkeit achtet?"

„Ja – gehe immer den Weg, der sich richtig anfühlt."

„Ja ... o.k. ... Danke!"

„Bitte."

„Ho!"

23. Element:

der 20. Pfad *von Tiphareth nach Chesed*

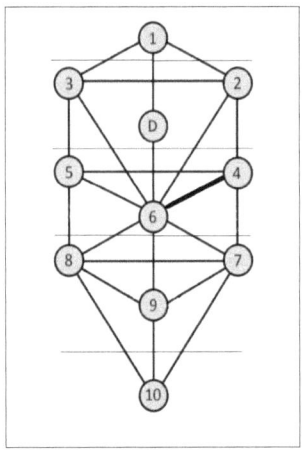

1. Traumreise   (Jörg und Harry)

Auch dieser Pfad war mühelos. Es war fast, als ob wir über die Ebene gezogen würden, die wir hinter dem Tor zu dem 20. Pfad fanden. Das Erlebnis war dem auf dem 21. Pfad sehr ähnlich. Der Unterschied bestand vor allem darin, daß wir auf diesem Pfad bereits das Leuchten von Tiphareth in uns trugen und dieser Pfad daher nicht dieses Gefühl des „Aufsteigens" hatte, der den 21. Pfad geprägt hatte, sondern der Weg war eher „horizontal".

Der Unterschied in dem Bewegungsgefühl auf den beiden Pfaden rührt daher, daß der Pfad von Netzach nach Chesed den Bereich auf dem Lebensbaum („Dreieck") wechselt, während der Pfad von Tiphareth nach Chesed innerhalb eines Bereiches („Dreieck") bleibt.

Wenn ich jemanden auf der „Traumreise zur eigenen Mitte" begleite, kommt es immer wieder einmal vor, daß die betreffende Person, wenn sie in Tiphareth ihre Seele gefunden hat, gleich nach Chesed weiterreist und dort die Gruppe der Gestalten ihrer früheren Inkarnationen sieht. Dieser Pfad scheint also bisweilen sehr leicht zu sein – bisweilen macht es geradezu den Eindruck, als ob Chesed die betreffende Person zu sich hin ziehen würde.

2. Traumreise   (Harry)

Ich stehe in Tiphareth und blicke auf das Tor zu dem 20. Pfad, der nach Chesed führt. Das Tor ist aus Gold und Elfenbein und es ist in Blau der Umriß eines Quadrats eingelegt – das sieht sehr edel und kostbar aus.

Ich gehe durch das Tor. Das ist ein Gefühl wie nach Hause gehen, wie in die Heimat zurückkehren, wie das Erfülltwerden einer sehr alten Sehnsucht. Das zieht mich mit aller Kraft nach Chesed hin.

Wie sieht der Weg aus? Das scheint einfach ein Übergang von goldenem Licht zu weiß-blauem Licht zu sein – und eben dieser massive Sog nach Chesed hin ...

... ...

„Was ist hier das Wichtigste?"

„Sei Dir treu."

„Hm, ja ... und der Sog?"

„Ist der in Dir? Ist der Teil Deiner Wahrheit?"

„Ja."

„Dann folge ihm."

„So einfach?"

„Folge Deiner Wahrheit. Folge Deinem Herzen."

„Ja ... ja, gut ... das werde ich tun ... das tue ich ... Danke!"

„Bitte."

„Ho!"

24. Element:

der 19. Pfad *von Geburah nach Chesed*

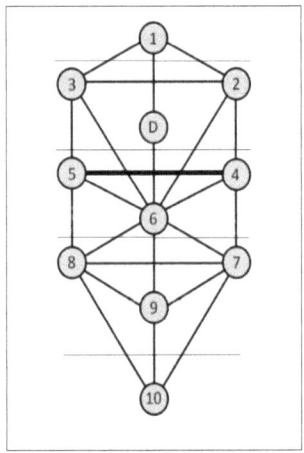

1. Traumreise (Jörg und Harry)

Diese Traumreise begannen wir in der Geburah-Burg. Der Weg des 20. Pfades führte uns durch zunehmend grünere und weniger wilde Gegenden in eine hügelige, fruchtbare, offene Landschaft voller Weiden und Felder und einzelner Baumgruppen, in der auf einem größeren Hügel ein großer, runder, weißer Tempel stand.

Das Nebeneinander der Burg in der wilden Gebirgslandschaft und des Tempels in der fruchtbaren Hügellandschaft ist ein sehr anschauliches Bild für den Pfad, der den Mars in Geburah mit dem Jupiter in Chesed verbindet.

2. Traumreise (Harry)

Ich stehe in Geburah vor dem Tor zum 19. Pfad, der nach Chesed führt. Das Tor ist aus Eisen und glüht en wenig. Auch hier ist wieder der blaue Umriß eines Quadrates aus flachem Eisen aufgelegt worden. Das Tor macht den Eindruck von sehr viel Kraft – von gelenkter Kraft.
Ich öffne das Tor und gehe hindurch. Ich sehe eine Landschaft – Weite, hügeliges Grasland, vereinzelt Baumgruppen ... Ich kann hier sehr viel Kraft spüren, aber ich sehe nicht, was sie tut. Sie ruft keine Vulkane und Erdbeben hervor, sondern scheint eher ruhig, aber mit viel Nachdruck kreativ zu gestalten – das ist wie das Lenken von

zwei Löwen vor einem Streitwagen. Es ist nur ruhiger und nachdrücklicher und gesetzter als dieses Löwen-Streitwagen-Bild.

... ...

„Was ist hier das Wichtigste?"

„Die Zügel in der Hand zu halten und Deinen Weg zu kennen – und vor allem Dein Ziel. Davon hängt alles ab."

„Das mit der Wichtigkeit des Zieles begegnet mir heute immer wieder."

„Und was schließt Du daraus?"

„Das mir mein Ziel wohl noch nicht klar genug ist – und daß ich deshalb meine Kräfte nicht klar ausrichten kann."

„So ist es."

„Muß da ein Ziel sein?"

„Selbsterkenntnis führt notwendigerweise zu einem Ziel – nämlich Selbstausdruck. Das muß nicht „big action" sein, das kann auch stilles Genießen sein – aber es ist ein bewußt gewähltes Handeln."

„Hm, ja ... das leuchtet ein. ... ... Heißt das denn dann, daß meine Selbsterkenntnis nicht klar genug ist?"

„Bei Dir heißt das, daß es Dir an Mut und Unternehmungsgeist fehlt. Du glaubst nicht wirklich, daß Deine Ziele erreichbar sind."

„Da magst Du bei manchen Dingen recht haben. Was kann ich da tun?"

„Tue es trotzdem. Dadurch wirst Du erleben, daß es doch möglich ist."

„Hm ... brauche ich dafür eine Vorbereitung?"

„Nur die Einsicht, daß alles, was nicht Ausdruck Deiner Wahrheit ist, sinnlos ist."

„So einfach ... so schlicht ..."

„Ja."

... ...

„Ja, gut ... Danke."

„Bitte."

„Ho!"

67

25. Element:

die Sephirah *Chesed*

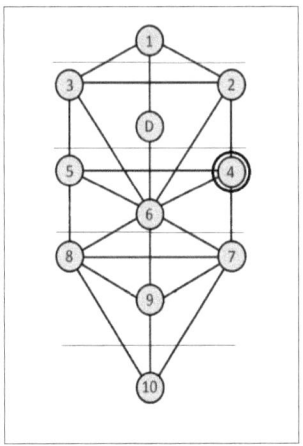

1. Traumreise   (Jörg und Harry)

Wir sehen vor uns einen großen, runden, weißen Tempel, zu dem viele Menschen hingehen. Wir folgen ihnen und betreten den Tempel. Er ist innen wie eine Art Amphitheater: nach außen hin aufsteigende konzentrische Bankreihen und in der Mitte unten ein runder Platz. Dort im Zentrum steht ein Altar. Wir setzen uns wie die anderen auf eine der steinernen Bänke. Alles ist aus weißem Stein gebaut.

Es ist still und zugleich scheinen alle innerlich zu summen. Es liegt eine große, aber gleichzeitig entspannte Konzentration und eine ebensogroße Hingabe in dem Tempelraum, die von den Menschen in ihm ausgeht. Nach einer Weile erscheint ein weißer Lichtstrahl, der von oben herabkommt und auf dem Altar endet und immer heller wird und der, ohne daß er den ganzen Raum erfüllen würde, doch alle Menschen in dem Tempel erfüllt.

Diese konzentrischen Tempel scheinen die übliche Form der „spirituellen Versammlungsplätze" zu sein, die manchmal auch als Steinkreis, als Lichtung oder ähnliches erscheinen.

Der Lichtstrahl in der Mitte des Tempels ist ganz deutlich die Gottheit (Chokmah), die von den Menschen in dem Tempel verehrt wird – oder genauer gesagt, der Segen dieser Gottheit, den sie in den Tempel hinabsendet.

Die hier versammelten Menschen sind häufig die früheren Inkarnationen der Person, die diese Reise unternommen hat. Dabei kommt es des öfteren vor, daß die Person, die auf ihrer Traumreise nach Chesed gelangt, in den Kreis dieser Personen in

68

Chesed gebeten wird und dann von ihnen einen Segen erhält.

Nicht alle Kreise von Menschen in Chesed sind vergangene eigene Inkarnationen, aber die Erinnerungen an diese Inkarnationen kann man in Chesed finden, sie bilden einen Teil von Chesed (siehe dazu auch die folgende Traumreise).

2. Traumreise   (Jörg und Harry)

(ca. 2010, also 5 Jahre nach der vorigen Traumreise)

Die folgende Vision stammt von einer Reise von Jörg und mir, die wir unternommen haben, weil ich zu dem Schluß gekommen war, daß ich, um in meinem Leben zurechtkommen zu können, wissen müßte, warum ich mich, d.h. meine Seele sich eigentlich entschlossen hat, dieses Leben zu leben.

Die Traumreise begann damit, daß ich in meiner Erinnerung erst in Fünfjahresschritten und dann in Jahresschritten Richtung Geburt zurückgekehrt bin und dabei Jörg gesagt habe, wo ich gerade bin. Da ich mich bereits an meine Geburt erinnern konnte, war der Weg bis dahin recht einfach. Jörg hatte in diesem Teil nur vereinzelte, flüchtige Bilder von meinem Leben und fühlte sich eher außen vor.

Zunächst war die Wahrnehmung aus der Zeit vor meiner Geburt so, wie man sich sie auch vorstellen würde: gedämpftes Licht, warm, schwerelos, kein eigenes Atmen, Essen oder Trinken – eher Ruhen und Warten.

Beim Erreichen des Zeitpunktes von 4 Wochen nach der Zeugung änderte sich die Wahrnehmung: Ich war ein Bewußtsein und eine Wahrnehmung, das eine Kugel bildete und über den Leib meiner Mutter ca. 10cm hinausragte.

Bei 3 Wochen nach der Zeugung war diese Lebenskraft-Kugel deutlich größer (Durchmesser ca. 1,5m) und die Kugel schien um ihren Mittelpunkt zu kreisen, der im Leib meiner Mutter verankert war.

Bei 2 Wochen nach meiner Zeugung war diese Kugel noch größer (Durchmesser ca. 4m) und mein Bewußtsein befand sich wie eine Kugel innerhalb dieser Kugel auf einer Umlaufbahn, wodurch sich eine Art Wirbel ergab.

1 Woche nach meiner Zeugung war dieser Zustand in etwa gleich, nur fühlte sich die Verankerung noch sehr lose an.

Zum Zeitpunkt meiner Zeugung befand ich mich in der Nähe meiner Eltern und konnte ihre Gefühle wahrnehmen. Ich habe mich kurz gefragt, ob das jetzt indiskret ist, aber da ich ja in gewisser Weise die Hauptperson bei diesem Ereignis war, beschloß ich, daß das so o.k. ist.

Als ich nun vor meine Zeugung zurückkehrte, sah ich meine Seele in sich versunken in einer schweren, ernsten, fast gedrückten Stimmung und ich habe mich gefragt, ob sich alle Seelen kurz vor der Zeugung ihres zukünftigen Körpers so fühlen. Ich hatte nun das Gefühl, daß Jörg nun neben mich kommen könnte, da ich mich nun außerhalb meiner Erinnerungen als Harry befand und wir nun in dem gewohnten Bereich der Traumreise waren.

Ich frug Jörg danach und als er einverstanden war, sandte ich einen Lichtstrahl von mir zu ihm, um den Weg zu mir zu markieren. Als der Lichtstrahl bei ihm ankam, hatte ich das Gefühl, ich solle ihm entlang des Lichtstrahles meine Hand reichen (nur in der Vision, nicht mit meiner materiellen Hand) und ihn zu mir herüberziehen. Bei dem Herübergezogenwerden hatte Jörg das Gefühl, durch mehrere Seiten des Ägyptischen Totenbuches gezogen zu werden.

Als er dann neben mir war, betrachteten wir meine Seele und Jörg wies mich darauf hin, daß die Seele hier vor einem Platz sitzt, der wie eine Arena wirkt. Auf unsere Fragen an die Arena nach ihrem Wesen erhielt Jörg die Antwort „Vorbereitung" und ich „Platz des Schweigens" – also ein Platz der schweigenden Vorbereitung der Seele(-n?) auf ihre nächste Inkarnation.

Auf meine Frage an den Platz des Schweigens, wo ich Informationen über meinen Entschluß zu diesem Leben erhalten könnte, wurde ich von ihm zu einem Ort weit hinter mir verwiesen. Jörg und ich drehten uns um und flogen dorthin. Ich sah eine große runde Kugel, deren Oberfläche große Schlieren hatte – wie von einer langsam fließenden, eher zähen Flüssigkeit.

„Apatschenträne", sagte Jörg (=Rauchobsidian).

„Paßt gut," entgegnete ich, „in der Steinheilkunde ist der Rauchobsidian der Stein, der einen zu dem zurückbringt, was man ursprünglich einmal gewollt hat. Und die Schlieren in der Kugeloberfläche haben wirklich Ähnlichkeit mit der fließenden Lava, aus der der Rauchobsidian ja entsteht. – Schau mal, da ist ein Raum innen in der Kugel und eine Art Sitz. Ich gehe mal hinein."

„Ich bleibe draußen – der Ort ist nicht für mich zugelassen."

„Ja, das fühle ich auch so."

Auf dem Sitz fühlte ich wieder die Schwere im „Gemüt" der Seele, die ich in ihr auch schon an dem Platz des Schweigens gespürt hatte. Als ich mich mit meiner Seele vereint hatte und dort in der Kugel auf dem Sitz saß, konnte ich mein Bewußtsein nur nach vorne auf die kommende Inkarnation richten – offenbar war meine Seele hier ausschließlich mit dem Entschluß für diese – also meine jetzige – Inkarnation beschäftigt.

Es gelang mir nicht, konkretere Informationen von ihr über den Grund für dieses kommende (mein jetziges) Leben zu erhalten. Auf meine Frage an meine Seele erschien aber links hinter mir eine Art von Lichtstrahlen, die zu der von mir erwünschten Information hinwiesen.

„Wir müssen noch weiter, Jörg, hier gibt es diese Informationen noch nicht."

Wir flogen auf die Quelle dieses Lichtes zu und waren überrascht, ein riesiges, weißstrahlendes Gebäude zu sehen, in dem und vor dem es nur so von ebenfalls weißstrahlenden Menschen wimmelte. Das turmartige Gebäude war weit größer, als alles, was es bisher an von Menschen errichteten Gebäuden gibt. Als wir das Gebäude betreten wollten, spürten wir, daß das für uns verboten ist.

„Nur Tote dürfen das Haus betreten," sagte Jörg, „es sei denn, man erfüllt bestimmte Bedingungen."

„Welche Bedingungen?"

„Weiß ich nicht."

„Wen sollen wir fragen? Den Pförtner des Hauses?"

„Ja, das habe ich auch gerade gedacht."

Vor dem Pförtner-Fenster war ein großes Menschengedränge und es dauerte eine Weile, bis ich zu dem Fenster gelangte und dem Pförtner meine Frage stellen konnte.

„Die Bedingung ist, daß jeder Lebende, der den Grund für seine Inkarnation erfährt, seiner Wahrheit folgen muß."

Als ich Jörg diese Antwort mitteilte, stimmte er mir zu: „Ich habe als Antwort erhalten, daß nach dem Betreten dieses Hauses die Rest-Freiheit, die man aufgrund seiner Unwissenheit hat, verschwindet und man an seinen Entschluß gebunden ist."

Nach kurzem Überlegen beschloß ich, diese Bedingung anzunehmen und teilte dies dem Pförtner mit, woraufhin ich in das Haus eintreten konnte. Jörg sagte mir, er müsse außen bleiben, könne aber in das Haus hineinsehen, da wir auf unserer früheren Chesed-Reise schon einmal in diesem Gebäude, das damals etwas anders ausgesehen hatte, gewesen sind.

„Es ist schon seltsam wieviele „Tote" es gibt – das macht man sich normalerweise garnicht so klar ... und sie sehen lebendiger aus als die Lebenden," meinte Jörg.

In dem Gebäude waren ebenfalls sehr viele weißstrahlende Menschen. Ich wünschte mich in dem Gebäude an den richtigen Ort und gelangte in einen großen, hohen, länglichen Raum, der an eine gotische Kirche erinnerte. In diesem Raum befand sich im mittleren Drittel (von der Höhe her gesehen) sehr viel Angst.

Als ich die Stirnwand des Raumes betrachtete, erschien dort ein großes Bild, wodurch der Raum wie ein Kino wirkte, auf dem ich eine Landschaft vorbeiziehen sehen konnte, die mir bekannt vorkam. Dann kam eine Szene, in der ich meinen Tod in einem meiner früheren Leben, von dem ich bereits einige Visionen gehabt hatte, sehen konnte.

„Schau mal an die Wände," sagte Jörg, „dort sind Gesichter."

Als ich an den Seitenwänden emporblickte, sah ich auch diese Gesichter und ich erkannte sie als meine früheren Inkarnationen, die ich z.T. auf früheren Traumreisen schon gesehen hatte.

Als ich sie betrachtete und dachte, wieviel Angst hier nur ist, korrigierte mich eines der Gesichter: „Angst, Gier und Haß!"

Etwas ratlos schaute ich mich um.

„Dieser Raum ist nicht nur ein „Kino", sondern auch eine Bibliothek", meinte

71

Jörg.

Als ich überlegte, wo ich in diesem Raum die Informationen über die Absicht meiner Seele für mein jetziges Leben finden könnte, spürte ich vorne über dem Raum ein großes, helles, weißes Licht, das auch Jörg im oberen Drittel des Gebäudes strahlen sehen konnte und dessen Namen ich spontan als 'Weisheit' erkannte. Das Sprechen mit diesem Licht war sehr einfach und die Antworten kamen sehr klar.

Ich wünschte mich hinüber zu dem Licht. Von außen betrachtet wirkte es fast endlos, von innen her (als ich mich mit dem Licht verbunden hatte), waren seine Grenzen jedoch deutlich zu erkennen. Es hatte keine innere Struktur, lediglich diese äußere Grenze, die man aber von außen her fast nicht erkennen konnte.

Ich meinte zu Jörg: „Ich glaube dieses Licht ist die höchste Form, die ein Lebewesen annehmen kann, das noch abgegrenzt ist."

Als ich dieses Licht nach der gewünschten Information fragte, zeigte es mir eine Stelle an der Wand des Raumes, in dem sich das Licht befand: „Dahinter liegt das Wissen, die Kenntnis Deines ganzen Lebens."

„Wenn ich die Absicht für mein jetziges Leben erfahren will, bedeutet das, daß ich den gesamten Verlauf meines jetzigen Lebens erfahren werde?"

„Ja."

„Hm, ich glaube, ich überlege mir das noch eine Weile – das möchte ich lieber nicht überstürzen."

Ich bedankte mich und ging wieder hinaus zu Jörg.

Ich sagte zu ihm: „Den gesamte Verlauf meines Lebens zu kennen ist ja schon recht merkwürdig – das verändert vollständig die Perspektive."

„Ja, dann verschwindet die Freiheit, so wie der Pförtner es gesagt hat."

„Meine Freiheit verschiebt sich eher von der Ebene meiner Psyche auf die Ebene meiner Seele."

Jörg: „Aus der scheinbaren Freiheit oder begrenzten Freiheit während des Lebens wird dann die Freiheit des Entschlusses zu diesem Leben."

„Nun, dazu paßt es auch, daß man durch diese Kenntnis zur Treue zur eigenen Wahrheit verpflichtet wird. ... ... Gibt es hier noch etwas Wichtiges zu tun, bevor wir zurückkehren, Jörg? ... Ich glaube, da vorne links ist etwas, wo wir noch einmal hingehen sollten."

Wir kamen zu einem Art Teich oder Brunnen, der von einer gut kniehohen Mauer umgeben war und in dessen Mitte sich eine weitere kleine, kreisrunde Mauer befand.

Ich frug: „Wie heißt der Ort?"

Jörg: „Ich bekomme als Antwort „See der Erinnerungen"."

„Was sollen wir hier?"

Harry hört: „Die Hand hineinhalten oder davon trinken."

Jörg hört: „Eine Münze hineinwerfen."

Harry: „Es scheint also um eine symbolische Kontaktaufnahme zu gehen. Und es scheint wichtig zu sein, daß nicht nur einer von uns, sondern wir beide den Kontakt aufnehmen."

Also beugten wir uns beide über das Wasser und nahmen Kontakt auf. Ich sah einen Drachen im chinesischen Stil und Jörg Kriegsszenen. Als wir uns darüber austauschten, wechselten die beiden Szenerien zwischen uns.

Jörg: „Da es für uns beide wichtig zu sein scheint, laß uns hineingehen."

„Na, gut."

Die Szene wurde sofort deutlicher und wir standen vor einem Drachen, der uns in sein Feuer hüllte.

„Das Feuer bedeutet einen Segen mit Stärke, Jörg."

Ich legte eine Hand auf die Schuppen des Drachen und fühlte die glattgescheuerte, glänzende Hornschuppe und die länglichen Erhöhungen und Grate auf ihr und sagte verwundert: „Komisch, ich habe vorher noch nie einen Drachen angefaßt."

Dann mußte ich fast lachen, als mir bewußt wurde, was ich da gesagt hatte.

Nach einer Weile kehrten wir dann nach oben vor den Brunnen zurück. Dort spürten wir, daß es wichtig ist, in diesem Fall genau denselben Weg zurückzukehren, den wir gekommen waren. Was wir dann auch taten.

Der Platz des Schweigens in dieser Vision ist Tiphareth, die Kugel aus Rauchobsidian Geburah und das große Gebäude Chesed.

Die Weisheit in Chesed war offenbar die Anwesenheit der Chokmah-Gottheit in der Mitte von Chesed, aus der heraus meine Seele entstanden ist.

Die Akashachronik, der Saal der Erinnerungen an die früheren Inkarnationen ist eine detailreiche Variante des Erlebnisses, das bisweilen bei der Traumreise zur eigenen Mitte auftritt: Die Personen, die ihre eigene Seele gefunden haben, gehen manchmal noch weiter, bis sie zu einem Kreis von Menschen kommen, die dieser Person wie Brüder und Schwestern erscheinen – wobei diesen Personen nur in den seltensten Fällen sofort deutlich wird, daß dies ihre eigenen Gestalten in früheren Inkarnationen sind.

Der Brunnen ist der Beginn des Pfades zwischen Chesed und Geburah.

Der Drachen ist die Essenz Geburahs.

Die Blasen, in denen sich je eine Inkarnation befindet, bestehen aus der „Substanz" des Grabens bzw. sie sind die Grenze des Grabens, die man von der Seele aus mühelos durchblicken kann, da sie von dem Seelenbereich aus durchsichtig sind, während diese Grenze von der Psyche aus undurchsichtig erscheint, solange man seine eigene Psyche noch wieder weitestgehend harmoniesiert und geheilt hat. Dies führt dazu, daß zwar die Seele alle ihre bisherigen Inkarnationen sehen kann, aber das Bewußtsein innerhalb einer einzelnen Inkarnation zunächst nicht die eigene Seele erkennt und auch nicht ihre früheren Inkarnationen sieht.

Diese Undurchsichtigkeit des Graben von unten nach oben besteht zur Zeit der

Geburt noch nicht so ausgeprägt – sie nimmt aber im Laufe des Lebens in der Regel durch die vielen, meist unverdauten Erlebnisse ständig zu. Daher können sich manche Kinder noch an frühere Leben erinnern. Diese Fähigkeit endet in der Regel ungefähr im Alter von fünf Jahren.

Die innere Stimme, die manchmal sehr deutlich zu einem sprechen kann und meist die zentralen Hinweise im eigenen Leben gibt, kommt vermutlich hier von Chesed von dem Licht der Weisheit, das sozusagen an den wesentlichen Punkten im Leben unterstützende Regieanweisungen für das normale Wachbewußtsein in Malkuth gibt.

3. Traumreise   (Harry)

Ich schaue mir zuerst die drei Tore an, die von den drei Pfaden aus nach Chesed führen.

Das Tor nach Chesed hinein auf dem 21. Pfad, der von Netzach kommt, ist viereckig, weiß und von Efeu oder einer ähnlichen Rankenpflanze umgeben. Das Tor sieht gleichzeitig einfach, schlicht und heilig aus.

Das Tor nach Chesed hinein auf dem 20. Pfad, der von Tiphareth kommt, ist ebenfalls schlicht, weiß und viereckig, aber von Sonnenblumen umgeben. Auch dieses Tor wirkt auf eine schlichte und dezente Weise heilig.

Das Tor nach Chesed hinein auf dem 19. Pfad, der von Geburah kommt, ist auch weiß, viereckig und schlicht. Hier steht links und rechts von dem Tor je ein Baum – ich glaube, es sind zwei Linden.

Ich gehe von dem 19. Pfad aus durch Tor nach Chesed hinein. Ich sehe einen runden Platz, eine Art Stadion oder Amphietheater, obwohl sich das eher wie eine Kultstätte oder wie ein Tempel anfühlt ... es könnte auch ein Steinkreis mit einem Wall ringsum sein ...

Hm ... was ist hier los? Worum geht es hier? ... Ich gehe mal auf diese Kreisfläche – zunächst mal an ihren Rand ... ... Der wesentliche Eindruck ist, daß man von hier aus alles sehen kann, daß von hier aus betrachtet alle Dinge sozusagen durchsichtig sind, daß man vor dem, der hier steht, nichts verbergen kann ... Das ist etwas, was ich von Chesed gut kennen. Das wird auch „Erb-Erinnerung", „Aksha-Chronik", „Buch des Schicksals" usw. genannt.

Mir geht es darum, Chesed zu verstehen und das Wichtigste hier zu sehen. Was ist das? ... Das ist wohl in der Mitte dieses Platzes zu finden ... Also gehe ich da mal hin. Da ist Frieden und eine vollkommene Gelassenheit, die durch nichts erschüttert werden kann ... Auch das kenne ich von Chesed.

Ist da noch mehr?

... ...

„El, Chesed-Aspekt von Gott – magst Du mir sagen oder zeigen, was hier das

Wichtigste ist?"

„Du hast es gerade schon gesehen."

„Die Gelassenheit?"

„Nein – das Alles-Sehen-Können."

„Die Durchsichtigkeit ... Chesed ist der Ort, an dem die Seele alle ihre Erinnerungen aufbewahrt – ist das richtig?"

„Das ist richtig – aber wenn Du gerade das Wichtigste erkennen willst, ist das nicht der Weg."

„O.k. ... und was ist der Weg?"

„Nun – alles sehen."

„Allwissenheit ..."

„Nein. Da ist ein Unterschied. Alle Dinge zu wissen, würde Dich völlig überfordern – so groß ist Dein Fassungsvermögen nicht. Stell Dir vor, Du kennst lediglich die Details der Psychen aller Menschen? Willst Du das?"

„Nein."

„Und das ist nur ein winziger Teil von dem, was man alles wissen könnte."

„O.k., verstanden."

„Es geht darum, alles sehen zu können, was Du sehen willst."

„Hm – das wäre dann vor allem erst einmal ich selber, mein eigenes Inneres."

„Das klingt jetzt schon besser."

„Und wie geht das? Mich in die Mitte des Platzes stellen und meine Psyche als 3B-Bild rings um mich auf diesen Platz zu projizieren?"

„Das ist eine Möglichkeit."

„Echt? Und ist das die sinnvollste Möglichkeit?"

„Sie funktioniert für Dich – und es gibt keine Methode, bei der das, was Du sehen wirst, einfacher für Dich werden wird."

„Ja, gut ... keine Abkürzungen ... Dann mache ich das mal."

Ich gehe in die Mitte des Platzes und projiziere mein Inneres mit einer Geste nach außen, sodaß es um mich herum sichtbar wird. Ich schaue mich erst einmal um ...

Da sind meine Erinnerungen, meine Geschwister, mein verstorbener Freund Jörg, Beziehungen, Landschaften, die ich gesehen habe ...

Ich will erkennen können, was hier das Wichtigste ist – das soll irgendwie markiert erscheinen. Hm, da ist einiges ... eine weibliche Scham, meine Mutter, eine blutige Axt, ein Gebirgszug – vermutlich die Alpen, meine Großmutter ...

Wie kann ich hier etwas finden oder erkennen oder verstehen, was mir weiterhilft? Oder sollte ich etwas fühlen?

„El – helf mir bitte mal weiter."

„Du machst das schon ganz gut. Mach weiter, aber mach langsam."

„O.k."

Wo ist hier das, was der nächste sinnvolle Schritt ist? ... Ich spüre mein Halschakra

– da liegt meine größte Verletzung, mein Haupt-Trauma ... das weiß ich ja schon seit etlichen Jahren ... Das habe ich jetzt auch in mir gefühlt, aber ich projiziere das jetzt auch mal nach außen ...

Das ist wie eine sehr direkte, optisch sichtbare 3D-Familienaufstellung.

Ich sehe meinen oberen Brustkorb, meinen Hals und mein Kinn mitsamt dem Halschakra vor mir. Was ist da los? ... Da ist eine Wunde in meinem Halschakra – das sieh wie Messer-Schnitt aus. Dieser Schnitt geht vom rechts Rand durch die Mitte und dann noch ein Drittel weiter in den linken Teil des Chakras. So fühlt sich das auch an, wenn ich meditiere – das ist schlimmer als Zahnschmerzen!

„El – was kann ich da tun?"

„Anschauen."

„O.k."

Das Anschauen scheint das zu sein, was von Chesed aus besonders gut geht – weil von hier aus betrachtet alle Dinge durchsichtig und daher sichtbar sind – hier kann nichts verborgen werden.

Ich sehe den Augenblick, als mein Halschakra, als ich zweieinhalb Jahre alt war, verbal zerschnitten und zerstört worden ist. ... Das ist sehr eindrücklich, das so zu sehen ... Es arbeitet jetzt gleichzeitig in meinem Hals, in meinem Halschakra, aber das ist kein Schmerz, sondern ein anderes Gefühl ... hm ... am ehesten so etwas wie ein allmählich abklingender Muskelkater ...

Ich schaue mir jetzt an, wie mein Halschakra vor dem Trauma ausgesehen hat. ... Hm – munter, zart, aufmerksam, naïv, freundlich, unbekümmert, kindlich-selbstbezogen, heil ...

Wie komme ich wieder dahin zurück bzw. was brauche ich als Ergänzung zu diesem Halschakra-Zustand, um nicht wieder plattgemacht zu werden? ... Ich sehe einen Adler ... warum? ... Ich frage ihn. ... Er schweigt ... komisch ...

„El – kannst Du mir weiterhelfen?"

„Liebe."

„Ehm ... ja? ... Wie? ... Oder auf wen oder was bezogen?"

„Auf Dein Halschakra. Auf Dich. Auf Deinen Selbstausdruck."

„Gut ..."

Das ist sehr ungewohnt ... das geht, wenn ich alleine bin, aber wenn andere dabei sind, ist das schwierig ...

„Darum geht es. Zeige Dich anderen."

„Das Thema kenne ich ..."

Ich frage mich, ob das hier nicht inzwischen zu privat für ein Buch über den Lebensbaum geworden ist ...

El: „Du beginnst Dich zu zeigen und drückst Dich jetzt?"

„O.k, o.k. ... Beispiele helfen ja auch beim Verstehen ... Ist es das konkrete Handeln, das letztlich heilt?"

„Ja."

„Ja, gut ... aber das war jetzt erst einmal genug für mich ... Danke, El."

„Bitte."

... ...

„Tzadkiel, Erzengel von Chesed – möchtest Du mir noch etwas sagen oder zeigen?"

„Wieviel verträgst Du denn?"

„Ich glaube, daß Du das besser einschätzen kannst als ich. Also mach mal."

„Gut. Schau."

Ich schaue ... Ich sehe Blut und Gemetzel, einen aufgeschnittenen Hals, es ist Krieg ... das ist furchtbar! Ich höre Geschütz-Donner ... rieche Pulverdampf ...

„Tzadkiel – heißt das, das mein Halsthema bis in den Krieg zurückgeht, den ich ja selber nicht mehr erlebt habe?"

„Was glaubst Du, was die „Gleichschaltung" der Nazis mit den Menschen gemacht hat? Das ist ein eiserner Ring um den Hals und die Zerstörung des Haras!"

„So habe ich das noch nie gesehen ... aber das leuchtet sofort ein. ... Da geht es also um Machtausübung, um Diziplinierung, um Dressur, um Dominanz ... Ich habe mich auch schon oft gewundert, warum bei so vielen Menschen Halsprobleme mit einem desolaten Hara verknüpft sind ... Das hast Du gerade gut beschrieben, Tzadkiel ... Und nun?"

„Schau es Dir an."

„O.k."

Da entstehen Depressionen, Haß, Agressionen ... da zerbricht die Sushumna, diese innere senkrechte Licht-Lebenskraft-Säule, die die sieben Chakren miteinander verbindet ...

„Ist es das, was ich sehen sollte?"

„Da gibt es vieles, was Du sehen könntest."

Daß die Erlebnisse der Menschen in dem letzten Krieg die Grundlage der psychischen Probleme vieler heutiger Menschen sind, habe ich ja schon des öfteren beobachtet ...

„Ich glaube, es reicht mir erst einmal ... Vielen Dank Tzadkiel!"

„Bitte!"

„Gibt es in Chesed so viel zu sehen und zu erleben und daher auch zu schreiben, weil dies die „durchsichtige Sephirah" ist?"

„Ja."

„Ja, gut ... o.k. ... Danke, Tzadkiel!"

„Bitte."

„Ho!"

4. Traumreise: Das Aussehen des Erzengels Tzadkiel   (Harry)

Sein Gewand ist blau und schimmert in den Faltenwürfen weiß. Am Saum sind wolkenartige Ornamente zu sehen. Eine Kette ist nicht zu sehen, aber an der Spitze des Halsausschnittes seines Gewandes befindet sich das Jupiter-Symbol in einem Quadrat.

Tzadkiels Haar ist dunkel, aber kaum zu sehen, da sein Kopf hell leuchtet. Er scheint ein Stirnband zu tragen.

Seine Flügel sind blau und weiß und strahlen etwas Erhabenes aus.

Er hat offensichtlich einen großen Überblick und sieht alles, was die Entsprechung zu dem Dritten Auge ist – das als Chakra der Sephirah Chesed entspricht.

Er steht in einer durchsichtigen Welt.

Er hält nichts in seinen beiden Händen, sondern hält sie mit der Handfläche nach oben so vor sich, als ob er etwas geben und etwas empfangen würde.

Sein Blick ist weise und freundlich und er lächelt gütig – das sind Jupiter-Eigenschaften. Er hat tiefblaue Augen, die wie Seen wirken.

Ich tauche in seinen Blick und schaue aus seinem Bewußtsein heraus auf die Welt. Alles ist durchsichtig und daher ist auch alles sichtbar. Es wird alles angenommen, wie es ist – es wird also nichts verdrängt – und zugleich ist eine Bewertung aller Dinge da, die jedoch nichts drängt, sondern es wachsen läßt und – wenn von dem Betrachteten gewünscht – es in seinem Wachstum anleitet.

Ich kehre wieder aus Tzadkiel zurück und stehe wieder vor ihm.

... ...

„Was ist hier in Chesed das Wichtigste, Tzadkiel?"

„Die Liebe."

„Oh ..."

„Die Liebe ermöglicht erst, die Dinge zu sehen, wie sie wirklich sind, weil Du dann das, was ist, annimmst und nicht die Augen davor verschließt oder es sofort ändern willst."

„Wenn Du es so beschreibst, verstehe ich es. ... Magst Du noch etwas dazu sagen?"

„Du bist doch schon zufrieden – warum fragst Du dann noch weiter?"

„Hm, nunja, weil ich dachte, daß vielleicht noch mehr kommt ... Ist meine Zufriedenheit das Maß für das Gespräch?"

„Was sonst sollte es sein?"

„Eigentlich hast Du recht. ... Das wäre die Schlußfolgerung, wenn ich mich selber ganz sehe und annehme, nicht wahr?"

„Ja."

„Danke, Tzadkiel!"

„Bitte." – „Ho!"

26. Element:

das *mittlere Dreieck* (Tiphareth, Geburah, Chesed)

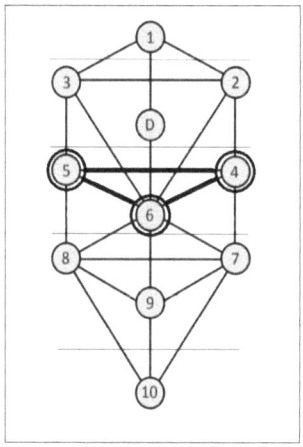

1. Traumreise   (Harry)

Diese drei Sephiroth bilden den Bereich der Seele: Chesed ist die Gesamtseele, Geburah ihre Entscheidungen für ihre nächste Inkarnation und die Verarbeitung ihrer letzten Inkarnation und Tiphareth ihre Absichten für ihre derzeitige Inkarnation.

Diese drei Sephiroth entsprechen den vier fixen Tierkreiszeichen in der Astrologie: der Löwe (Feuer), der Skorpion (Wasser), der Wassermann (Luft) und der Stier (Erde). Sie bilden Zentren, von denen aus ein Bereich gestaltet wird – so wie dies auch die Seele mit ihrer Inkarnation einschließlich deren Psyche und deren Körper tut.

Das war jetzt Wissen – ab nun die Traumreise:

Ich gebe in das mittlere Dreieck auf dem Lebensbaum. Das ist ein Gefühl wie eine Herzkammer: ruhig pulsierend, zentral, warm, wärmend, belebend, lenkend ... ein ausgeprägtes Ich-Gefühl ... eine gelassene Bewußtheit ...

... ...

„Was ist das Wichtigste in diesem Dreieck?"

„Du."

„Ehm – ich bin in dem Lebensbaum, der mich selber darstellt, das Wichtigste?"

„Ja."

„Und allgemein?"

„Das, was Du schon gesagt hast: Die lenkende Mitte."

„Hm ... gibt es zu dem mittleren Dreieck noch etwas zu sagen, was ich noch nicht gesagt habe?"

„Nein."
„Das finde ich seltsam ... aber gut ... Danke."
„Bitte."
„Ho!"

27. Element:

der *Abgrund* zwischen Geburah/Chesed und Da'ath

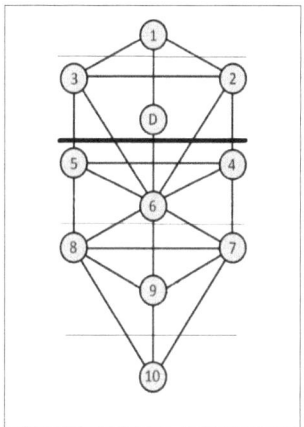

1. Traumreise   (Harry)

Ich schaue mir den Abgrund an – den kenne ich schon sehr lange und auch sehr intensiv ...

Ich sehe die Bilder, die ich schon kenne: der Rand eines Plateaus, der in einen bodenlosen Abgrund übergeht, und der Waldweg, der sich auf einmal in die schwarze Leere zwischen den Sternen verwandelt ...

Wenn ich in diesen Abgrund springe, falle ich nicht, sondern ich schwebe ... das-selbe geschieht auch in der schwarzen Leere zwschen den Sternen ... Doch auch das kenne ich schon gut ...

... ...

„Was gibt es hier Neues zu sehen und zu verstehen?"

„Ich bin der Teil des Lebensbaumes, den Du am besten verstanden hast."

„Hm ... aber daß ich hier nichts Neues mehr finden oder verstehen kann, scheint mir unwahrscheinlich ..."

(Schweigen)

„In welcher Weise hat dieser Abgrund eine Bedeutung für die Heilung oder Selbst-heilung der Menschen?"

„Das ist mal eine kreativere Frage. Wenn Du von dem Abgegrenzten in das Abgren-zungslose hinüberwechselst, kann alles fließen – auch alles in Dir kann fließen, was bedeutet, daß sich auch alle Traumata und sonstigen Krämpfe auflösen können ..."

„Was bedeutet, daß man auch den Mangel, den Schmerz, die Angst, die Selbst-zweifel usw. erlebt, die in diesem Trauma gefangen waren – nehme ich mal an."

„So ist es."

„Dann wäre es doch die Frage, was notwendig ist, um diese heftigen Gefühle aushalten zu können. Kannst Du mir dazu etwas sagen?"

„Du kannst sie aushalten, wenn Du eingesehen hast, daß das notwendig ist."

„Es gibt also keine Möglichkeiten, die Schmerzen usw. erträglicher zu machen?"

„Nein."

„Was ist denn dann sinnvoll? Manche Gefühle in den Traumata sind ja wirklich sehr heftig ..."

„Mach es so, wie Du es herausgefunden hast: stückchenweise – immer wieder ..."

„Also solange fühlen, wie es geht, und mich dann wieder zurückziehen? Und dann nach einer Weile wieder hingehen und fühlen? Aber mich nie von den Gefühlen überschwemmen lassen?"

„Ja."

„Das mache ich nun schon ein paar Jahre und es ist auch besser geworden, aber heil bin ich noch nicht."

„Aber die Methode ist richtig."

„Puh! ... Ich hatte gehofft, daß ich vielleicht noch ein Element übersehen hätte, das diesen Prozeß beschleunigen oder vereinfachen könnte ... gibt es da nichts?"

„Du könntest häufiger zu Deinen Traumata gehen und das fühlen, was in ihnen ist. Und Du könntest etwas mehr Optimismus haben und Dir ab und zu vorstellen, wie der geheilte Zustäand aussehen könnte."

„Ja, das leuchtet mir ein. ... Ich vermute, daß es mir dann auch einfacher fallen wird, längere Zeit in dem Da'ath-Zustand zu bleiben?"

„Ja."

„Danke!"

„Bitte."

„Ho!"

28. Element:

der 13. Pfad (1. Teil) *von Tiphareth nach Daath*

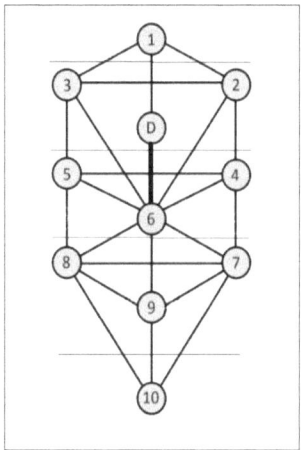

1. Traumreise   (Jörg und Harry)

Das Erlebnis auf diesem Pfad war ganz eigentümlich. Während wir uns in Tiphareth als erwachsene Menschen gesehen und erlebt hatten, wurden wir immer jünger, während wir diesen Pfad emporstiegen. Uns umgab ein rötlich-warmes Licht. Es war, als ob wir wieder im Leib unserer Mütter wären und langsam zu unserer Zeugung zurückkehrten: Unsere Körper wurden immer kleiner bis sie schließlich zu einem Punkt wurden. Dieser Vorgang war von Wärme und von Geborgenheit erfüllt.

Da der Weg der Entstehung eines menschlichen Körpers von der Seele (Tiphareth) über die Zeugung (Graben), das Heranwachsen des Embryos (Yesod) und schließlich der Geburt (Schwelle) zu einem selbständigen Menschen (Malkuth) führt, muß der 13. Pfad eine andere Art der Entstehung darstellen. Aus den schon bekannten Strukturen auf dem Lebensbaum ergibt sich, daß dies die „Erinnerung" an die Entstehung der eigenen Seele sein muß, die von ihrer Gottheit „geboren" wird. Die „erwachsenen Menschen", als die wir uns in Tiphareth gesehen haben, sind wir als „Besucher" in dieser Sephirah – eigentlich sind wir in Tiphareth unsere Seelen. Die Geburt einer Seele durch die Gottheit scheint also ein ähnliches Erlebnis zu sein wie die Geburt eines Kindes aus seiner Mutter, was ja auch theoretisch wahrscheinlich ist, zumindest soweit es den Vorgang betrifft: Aus etwas Kleinem, Punktförmigem entsteht in einem geborgenen, schützenden Umfeld eine komplexere Struktur.

2. Traumreise   (Harry)

Ich stehe in Tiphareth vor dem Tor, das zu dem 13. Pfad führt, auf dem man zunächst nach D'ath und dann weiter nach Kether gelangt. Ich will erst einmal nur bis an das Tor nach Da'ath kommen.

Das Tor zu diesem Pfad sieht aus wie ein weißer Nebel mit einigen goldenen Schlieren in ihm. Ich gehe hindurch und betrete den 13. Pfad.

Sofort ist dieses Gefühl von Loslassen da ... alle Formen loslassen, jeden Halt loslassen, jede Abgrenzung loslassen ... Ich gehe auf diesem Pfad weiter, d.h. ich gehe eigentlicht garnicht, sondern ich lasse los und komme dadurch auf diesem Pfad voran ... Der „Tropfen" meiner Seele wird wieder ein unauflösbarer Teil des „Meeres" meiner Schutzgottheit ... Das ist eigentlich alles, was hier passiert ...

... ...

„Was ist hier das Wichtigste?"

„Loslassen."

„Und was bewirkt das?"

„Heimkehr."

„Ja ... so kenne ich das, was an dem Abgrund geschieht, den der 13. Pfad überquert ..."

„Gibt es da noch etwas Wesentliches dazu zu sagen?"

„Nein. Tu es. Sagen ersetzt nicht das Erleben."

„Ja, gut ... Danke."

„Bitte."

„Ho!"

29. Element:

die *mittlere Pfad-Kreuzung* (19. Pfad und 13. Pfad)

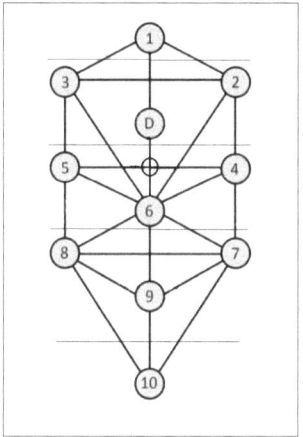

1. Traumreise   (Harry)

Dies ist – wie schon gesagt – kein klassisches Element des kabbalistischen Lebens-baumes, aber eine ausgesprochen interessante Struktur in ihm.

Unterhalb von Tiphareth war dieser Punkt der Ort, an dem die Seele in Tiphareth mit der gesamten Psyche in Netzach, Hod und Yesod verbunden ist. Daher findet sich dort das „Tor zur Seele". Man kann daher vermuten, daß sich hier an der Kreuzung des 13. Pfades mit dem 19. Pfad das „Tor zu der Schutzgottheit" findet.

Soweit die Analogie innerhalb des Lebensbaumes. Nun die Traumreise.

Diese Kreuzung ist der Ort kurz vor dem Abgrund – man sieht den Abgrund und man weiß, was einen erwartet – und man geht trotzdem weiter ... Es ist, als ob die ganze Seele ihre Aufmerksamkeit auf diesen Punkt richten würde. Hier ist Konzentra-tion, Entschlossenheit, der vorletzte Schritt, hierhin hat die ganze vorhergehende Ent-wicklung geführt, nun kommt das, worauf es eigentlich ankommt ...

Da ist auch eine Ahnung von dem, wohin man nach dem Sprung in den Abgrund gelangen wird: in die eigene Schutzgottheit, in die Heimat der eigenen Seele ... in den abgrenzungslosen Bereich ...

Hier ist die Konzentration des Sprintes kurz vor dem Start, die Konzentration des Turmspringers vor dem Sprung, die Konzentration des Torwarts vor dem Elfmeter, die Spannung kurz vor dem Orgasmus ... solche Beispiele ließen sich noch lange weiter aufzählen ...

... ...

„Was ist hier das Wesentliche?"

„Das, was Du gesagt hast."

„Ich kann immer nicht ganz glauben, daß ich eine Sache schon ganz erfaßt haben soll ..."

„Hast Du auch nicht – aber schon sehr viel."

„Und könntest Du mir noch eine Ergänzung dazugeben?"

„Laß mich schauen ... Stell Dir mal vor, Du springst nicht einfach aufrecht in den Abgrund, also mitten in einem Lauf, sondern Du machst einen Handstandüberschlag über einen Purzelbaum in den Abgrund hinein."

„Seltsamer Vorschlag – aber gut, ich mache das."

... ...

Komisch – das ist wirklich deutlich anders. Wenn ich einfach springe, nehme ich alles mit, was ich bin. Wenn ich mit Handstandüberschlag springe, fällt etwas aus meinem Magen und meinem Mund heraus – etwas Dunkles ... Was ist das? ... Das sind meine Ängste ... Komisch – ich verdränge die auf diese Weise garnicht, sondern mache sie sichtbar – und das ist ausgesprochen angenehm!

Die Art des Springens in den Abgrund macht also einen Unterschied, wie man dieses Springen und vor allem das Ankommen in dem Abgrund erlebt. Damit hätte ich nun wirklich nicht gerechnet.

Wie entwickelt sich das denn dann weiter? Das schaue ich mir jetzt mal an. Das Dunkle ist aus meinem Mund gefallen und sich falle/schwebe jetzt in dem Abgrund – das Dunkle ist unter mir und ich kann es sehen. Daß ich das Dunkle sehe und fühle, wenn ich in den Bereich der Abgrenzungslosigkeit springe, ist ja logisch – hier kann man nichts ausgrenzen, forthalten oder verbergen.

Ich sehe das Dunkle ... und ich lächle! Weil ich es als Teil von mir selber erkennen kann, als etwas, das zu mir gehört und das lediglich deformiert und entstellt worden ist. Ich nehme es in meine Arme und es weint und zittert und verwandelt sich allmählich ... Das tut gut! Das sind dieselben Phänomene wie bei einer Trauma-Auflösung.

„Und das geht nur mit dem Handstandüberschlag-Sprung? Das ist eigentlich kaum zu glauben."

„So ist es einfacher: Dein Schatten fällt aus Dir heraus und wird für Dich sichtbar."

„Geht das nicht auch anders?"

„Du wirst hier immer Deinen Schatten sehen. Aber so ist es am einfachsten."

„Ja, offensichtlich ... echt komisch ist das! Vielen Dank!"

„Bitte."

„Ho!"

30. Element:

die Sephirah *Da'ath*

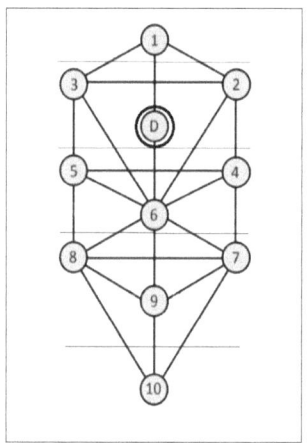

1. Traumreise   (Jörg und Harry)

Es ist ein Gefühl wie im Weltall zu schweben: keine Abgrenzungen, die Wahrneh-mung ist unbehindert ... wir schweben. An die Stelle der Abgrenzungen ist die Selbst-gewißheit getreten. Es ist „unendlich" entspannend ... Es strengt nicht mehr an, weil alles so ist, wie es ist. Es geschieht nichts – wir schweben und es gibt keinen Grund, irgendetwas zu verändern, zu prägen, abzutrennen oder auf sonst eine Weise etwas umzuformen ... es ist gut so, es ist erfüllend ... mitfließen.

Nach dem Aufenthalt in Daath hatten wir gar keine Lust, in die sonst übliche Enge zurückzukehren. Einen Körper zu haben, erschien uns ausgesprochen unnatürlich. Wie halten wir es hier in der „normalen Welt" nur die ganze Zeit aus?

2. Traumreise   (Harry)

Ich gehe über den 13. Pfad nach Da'ath. Das Tor am Ende dieses Pfades sieht aus wie dunkler Nebel. Ich gehe durch ihn hindurch.

Ich schwebe im Weltraum. ... Nichts geschieht ... Ich warte weiter ... aber nichts geschieht ...

... ...

„Yod-He-Vau-He Elohim, Da'ath-Aspekt Gottes – magst Du mir etwas sagen oder zeigen?"

„*Nein. Erlebe.*"

„*Aber es geschieht nichts.*"

„*Warum wohl?*"

„*Geschieht nur etwas, wenn ich mich bewege, wenn ich etwas will?*"

„*So ist es.*"

„*Oh ... ... Ich will erkennen, wie ich am intensivsten das leben kann, was ich bin.*"

Ich spüre die Qualität meiner Schutzgottheit – das ist Osiris – aber ich sehe ihn nicht ... und es geschieht auch nichts ...

„*Was fehlt denn noch?*"

„*Du willst nicht wirklich.*"

„*Du meinst, da fehlen die Gefühle?*"

„*Ja. Die bringen die Dinge in Bewegung.*"

„*Hm ... das hat mir vor Jahren auch Frank Duval mal gesagt ...*"

„*Und Du hast es nicht geändert.*"

„*Und warum ist das so?*"

„*Weil Du bei manchen Dingen keine Hoffnung hast, sie erreichen zu können.*"

„*Was kann ich da tun?*"

„*Deinen Traum auflösen.*"

„*Traum? ... Ach so – diese Vorstellungen, daß etwas nicht geht. ... O.k. ... Ja, gut ... sonst geht's hier nicht weiter, nicht wahr?*"

„*So ist es.*"

„*Ja, gut ... Danke.*"

„*Bitte.*"

... ...

„*Hm – wer ist der Erzengel von Da'ath? Traditionell wird diese Sephirah ja die „unsichtbare Sephirah" genannt, die das Himmelstor, die Jenseitsbrücke, der Toten-fluß und ähnliches ist und daher keinen Erzengel zugeordnet bekommen hat. Da Da'ath und Yesod wie zwei Pole derselben Sache sind und Gabriel auch gut zu Da'ath paßt, vermute ich, daß Du, Gabriel, auch der Erzengel von Da'ath bist. Stimmt das?*"

„*Ich kann diese Aufgabe übernehmen, ja.*"

„*Kannst Du mir noch etwas zu Da'ath sagen?*"

„*Schau erst einmal nach Deinem Schatten, nach Deinem Trauma, dann geht es weiter. Du hast schon viel in Da'ath erlebt und viel davon verstanden, aber wenn Du heiler geworden bist, wird hier noch mehr möglich.*"

„*Das klingt gut. Danke, Gabriel.*"

„*Bitte.*"

„*Ho!*"

3. Traumreise: Das Aussehen des Erzengels Gabriel   (Harry)

Es gibt keinen traditionellen Erzengel, der Da'ath zugeordnet ist, da Da'ath in der traditionellen Kabbala die „unsichtbare Sephirah" und die Brücke zwischen Diesseits und Jenseits ist. Mythologische Gestalten, die Da'ath entsprechen sind z.B. der zweiköpfige Gott Janus, der Jenseitsfährmann Charon oder Petrus am Himmelstor.

... ...

„Gabriel, bist Du auch der Erzengel von Da'ath?"

„Du kannst mich hier finden."

„Hm ... weil Du sowohl zu Yesod als auch zu Da'ath gehörst? Oder einfach nur, weil Du mir bzw. uns zuliebe hier erscheinst, um meine bzw. unsere Fragen zu beantworten?"

„Ich komme, um Deine Fragen zu beantworten."

„Heißt das, daß auch Da'ath Deine Heimat ist?"

„Alle Sephiroth sind meine Heimat."

„Ist die Zuordnung der Erzengel zu den Sephiroth dann recht willkürlich und ihr seid überall zuhause?"

„Auf der Ebene der Erzengel, also im obersten Dreieck auf dem Lebensbaum, gibt es Qualitäten, aber keine Abgrenzungen – und alles ist überall oder kann zumindestens überall sein."

„Heißt das, daß es so etwas wie Urbilder gibt, die wir Erzengel nennen und die aber nicht wirklich aus sich heraus eben in zehn bzw. elf Erzengel aufgeteilt sind?"

„Da'ath ist ein Kontinuum und ebenso Binah und Chokmah. Die Aufteilung in einzelne Erzengel, Götter und ähnliches nehmt ihr vor. Das Kontinuum ist real, die Unterteilung zum Zwecke des Verstehens und des einfacheren Kontaktes erschafft ihr durch eure Mythen, die eure Lebensumstände spiegeln."

„Ihr seid also als Gesamtheit real, und wir spiegeln unsere Lebensumstände in euch, weil wir so zu Göttern kommen, die unseren Bedürfnissen entsprechen?"

„Und die teilweise auch euren Ängsten entsprechen – ja, so ist es."

„Das heißt, wenn ich jetzt den Wunsch habe, mit einem Da'ath-Erzengel zu sprechen, und sehe, daß Yesod und Da'ath zwei Pole derselben Sache sind, und deshalb vermute, daß Du als Yesod-Erzengel auch der Da'ath-Erzengel sein könntest, dann ist es überhaupt nicht die Frage, ob Du der Da'ath-Erzengel bist, sondern Du kannst es sein, um mir zu helfen?"

„So ist es."

„Und das ist nichts Erzwungenes oder Künstliches, sondern es funktioniert?"

„Es funktioniert und es ist nichts Erzwungenes, aber natürlich ist es etwas Künstliches, da Du es so gewählt hast. Aber siehe es deshalb nicht als unwirklich an, sondern als eine Kunst: Du hast etwas in Deiner Welt gefunden – eben Da'ath – und hast den Wunsch, mit einem Da'ath-Erzengel sprechen zu können. Also spiegelst Du

Da'ath in der Erzengel-Ebene, also im Kontinuum, und gibst diesem Spiegelbild einen Namen, damit Du dieses Spiegelbild ansprechen kannst."

„Da'ath als Kontinuum ist also real – das weiß ich. Und wenn ich eine Qualität aus diesem Kontinuum herausnehme und benenne, dann erschaffe ich diesen Anteil an Da'ath ja nicht, sondern benenne ihn nur, damit ich mit diesem Teil sprechen kann. ... Das ist ungewohnt, aber verständlich. ... Dann bleibt die Frage, ob es Sinn macht, den Erzengel von Yesod und dem Erzengel von Da'ath denselben Namen zu geben bzw. Dich als einen Erzengel mit zwei Aufgaben zu sehen."

„Ich bin auch der Erzengel des Wassers und der Erzengel des Mondes und der Erzengel der Verkündung."

„O.k. ... mehrere Ressorts, also Zuständigkeitsbereiche sind also kein Problem ... Aber müßten diese Ressorts nicht zusammenpassen?"

„Dann habt ihr einfachere Spiegelbilder, also mythologische Gestalten. Aber ihr könnt da nichts falsch machen – ihr könnt nur recht „interessante" mythologische Gestalten erschaffen, wenn ihr in einer einzigen Gestalt verschiedene Dinge bunt zusammenwürfelt."

„Hm ... ja ... und Yesod als die „gewöhnliche Magie" und Da'ath als die „außergewöhnliche" Magie sind zwei Dinge, die man gut zusammenstellen kann, weshalb man auch Dich gut als den Erzengel von Yesod und Da'ath ansehen kann?"

„Ja."

„O.k. ... Danke ... Dann werde ich jetzt mal schauen, wie Du als Erzengel von Da'ath aussiehst."

... ...

Dein Gewand sieht aus wie ein Regenbogen. Das ist auch die Farbe, die ich Da'ath zuordnen würde – und der Regenbogen ist auch in vielen Mythologien die Himmelsbrücke, also der Weg von der Erde zu den Göttern. Der untere Saum Deines Gewandes scheint in Deine Umgebung hinein zu zerfließen – es gibt also eigentlich gar keinen Saum, sondern nur das Gewand, das ein unabtrennbarer Teil des Ganzen ist. An dem Halsausschnitt und an den Ärmeln ist der Saum mit einem Ornament verziert, das wie lange Regenbogenwellen aussieht – wie die Regenbogenschlange der australischen Aborigines.

An der Spitze des Halsausschnittes sehe ich ein Dreieck mit dem Symbol des Saturns in ihm. Auf den ersten Blick wirkt dieses Dreieck und das Saturn-Symbol schwarz, doch bei genauerem Hinsehen sind auch sie regenbogenfarben, d.h. sie schillern in den Farben des Regenbogens und lösen daher das Dunkel des Schwarz auf.

Gabriels Haar ist dunkel. Es endet jedoch nicht bei einer bestimmten Länge, sondern zerfließt in die Umgebung hinein – so ähnlich wie der untere Saum seines Gewandes. Je weiter die Haare sich von dem Haupt des Gabriel entfernen, desto vielfarbiger werden sie.

Das Haar des Gabriel ist wie „fließendes Licht", was wohl auch ein Hinweis auf das Scheitelchakra ist, das Da'ath entspricht. Ich sehe kein Stirnband, aber der Rand des Scheitelchakras ist wie ein Stirnband und liegt auch an der Stelle rings um den Kopf, an der sich ein Stirnband normalerweise befindet.

Auch seine Flügel sind regenbogenfarben.

Gabriel hält nichts in seinen Händen, sondern erhebt seine Hände links und rechts von sich auf Schulterhöhe, wobei seine Handflächen segnend nach vorne gerichtet sind. Er lächelt sehr freundlich.

Er steht auf einem Regenbogen.

Seine Augen sind ein Tanz von leuchtenden Farben ...

Ich tauche in seinen Blick. Aus Gabriels Sicht ist die Welt wie ein großes Meer, in dem alle einzelnen Wesen Tropfen sind – das ist eine der klassischen Da'ath-Visionen.

Ich kehre zurück und stehe wieder vor Gabriel.

... ...

„Was ist hier das Wichtigste, Gabriel?"

„Das Kontinuum, die Abgrenzungslosigkeit, das Scheitelchakra, das Fließen ..."

„Der Kontakt zu den Göttern?"

Gabriel lächelt: „Der ergibt sich daraus."

„Hm ... ich weiß nun nichts mehr zu fragen ... Danke, Gabriel!"

„Bitte."

„Ho!"

31. Element:

der 18. Pfad *von Tiphareth nach Binah*

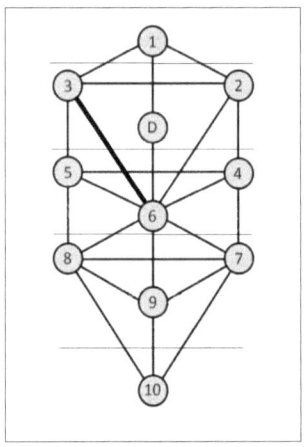

1. Traumreise   (Jörg und Harry)

Das Tor in Tiphareth, hinter dem der 18. Pfad beginnt, öffnet sich für in eine dunkle, finstere Höhle, in einen langen, schwarzen Gang. Wir tasten uns hindurch bis es schließlich heller wird und wir bemerken, daß wir garnicht mehr in einem Höhlengang laufen, sondern daß über uns der (mondlose) Sternenhimmel zu sehen ist.

Schließlich erreichen wir eine Ebene, wo wir viele Menschen sehen. Wir gehen schweigend weiter, bis uns auffällt, wie freundlich uns alle diese Menschen ansehen und daß sie uns begrüßen. Uns fällt auf, daß wir noch eine Mauer in uns tragen, durch die wir alle diese Menschen von uns fernhalten. Bei dieser Erkenntnis beginnt sich diese Abgrenzung aufzulösen und wir und die Menschen umarmen uns. Es ist wie heimkommen, wie alte Freunde wiederfinden.

In der Ebene ist ein großer runder Platz wie ein flaches Tal oder wie ein Amphitheater. In ihm sind lauter flache, weiße Steine in konzentrischen Kreisen aufgestellt, auf denen schon viele Menschen sitzen – aber es sind auch noch viele Plätze frei. Wir und die Menschen, die uns auf dem Weg hierher begegnet sind, setzen uns.

Ich sehe in der Ferne eine Bergkette und ich weiß, daß dort das Tor von diesem Pfad aus nach Binah hinein ist.

In der Mitte des Tales, im Zentrum der konzentrischen Steinkreise ist ein weißer Lichtstrahl, der von oben her herabkommt. Ab und zu geht einer der Menschen in die Mitte und stellt sich in diesen Lichtstrahl. Schließlich stehe auch ich auf und gehe zur Mitte und stelle mich in den Strahl. Liebe und Frieden und ein Lächeln durchströmen mich und ich weiß, daß ich dieses Gefühl nie mehr vergessen werde, daß ich nie mehr *wirklich einsam sein kann, weil ich nun erlebt habe, daß ich ein Teil der Welt bin. Nach einer Weile gehe ich zurück an meinen Platz und sehe, daß auch Jörg zur Mitte geht und in den Lichtstrahl tritt.*

Schließlich gehen wir zurück nach Tiphareth. Als wir zurückkommen, ist uns kaum nach Reden zumute, so erfüllt sind wir.

Der weiße Strahl ist der Segen Kethers, die Essenz Binahs, die die Menschen hier für den Eintritt nach Binah segnet, d.h. die Menschen erleben hier, daß nichts in unserer Welt wirklich voneinander getrennt ist, und können deshalb nach Binah eintreten.

Der dunkle Gang sind die Dinge, so wie sie sind (Binah), nur werden sie hier noch als etwas Fremdes erlebt, das die Seele (Tiphareth) behindert und einengt. Allmählich löst sich diese Illusion eines Widerspruches zwischen Willen (Tiphareth) und Schicksal (Binah) auf und man erkennt, daß man vom Schicksal wie von einer Mutter getragen und beschützt wird und daß alles, was geschieht, stets das Bestmögliche ist, was geschehen kann.

2. Traumreise (Harry)

Ich stehe in Tiphareth vor dem Tor zu dem 18. Pfad, der von hier aus nach Binah führt. Das Tor sieht sehr stabil aus, etwas erdhaft, und obwohl es aus eher hellem Material ist, wirkt es dunkel. Da scheint ein aufrechtes Dreieck auf der Tür markiert zu sein – das ist jedoch nicht das Feuer-Symbol, sondern ein astrologisches Trigon, das für Zusammenhalt und Entwicklung steht.

Ich gehe durch dieses Tor. Ich bin wieder in dem unterirdischen Gang, den ich von der Traumreise mit Jörg kenne. Ich gehe weiter durch diesen Gang und komme an sein anderes Ende, wo wieder dieser runde Platz mit den Menschen ist.

Das ist das erste Mal, daß ich bei diesen Traumreisen wieder dasselbe sehe wie vor 17 Jahren auf den Traumreisen zusammen mit Jörg.

… … …

„Was ist hier das Wichtige?"

„Die Gemeinschaft."

„Von der ich ein Teil bin?"

„Ja. Du lebst als Einzelwesen, am im Innersten bist Du ein Teil des Ganzen."

„Hm … gibt es da etwas zu erleben oder zu verstehen, was für mich förderlich wäre?"

„Ja, aber es hat keinen Sinn, es Dir zu zeigen – Du must es selber finden … und zwar im Alltag, nicht auf der Traumreise."

„Hm … ja, gut … Danke."

„Bitte." – „Ho!"

32. Element:

der 17. Pfad *von Geburah nach Binah*

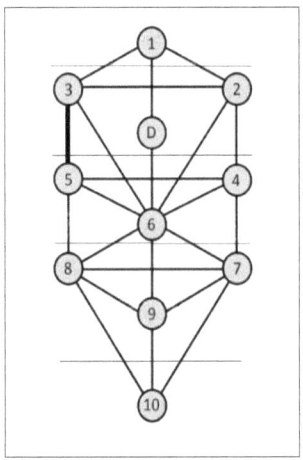

1. Traumreise   (Jörg und Harry)

Den Weg von Geburah nach Binah haben wir als eine Wanderung durch ein Felsengebirge erlebt, als einen Weg durch endlose Täler, in denen wir immer wieder Hindernisse übersteigen mußten, oder durch lange Höhlen, in denen wir eine Reihe von verschlossenen Toren öffnen mußten, die sich nur dann öffnen ließen, wenn wir nicht die Wächter dieser Tore zu bekämpfen versuchten, sondern wenn wir die Dinge, so wie sie waren, bejaht haben – es hat eine Weile gedauert, bis wir das erkannt hatten.

Diese Bejahung dessen, was ist, ist die Grundlage jedes sinnvollen Handelns. Durch diese Bejahung wird das Handeln (Geburah) zum einen realitätsbezogen (Binah) und zum anderen wird das Handeln dadurch in das Gesamtgeschehen in einer Weise eingebettet, durch die das eigene Handeln nun nicht mehr gegen das Geschehen kämpft, sondern im Einklang mit ihm steht und daher durch die Ereignisse ringsum unterstützt und gefördert wird.

2. Traumreise   (Harry)

Ich stehe in Geburah vor dem Tor zu dem 17. Pfad, der von hier nach Binah führt. Das Tor ist aus Eisen oder einem anderen dunklen Metall und wirkt sehr fest – ein bißchen wie ein Tor, daß man in einer alten, halbverfallenen Fabrik vermuten würde ... ziemlich düster und ein bißchen trostlos.

Ich trete ein. Es ist dunkel – wieder in unterirdischer Gang ... nein, der Gang ist gemauert, also eher ein Gang in einem Gebäude ... das Fabrik-Ambiente ist auch hier in dem Gang: Rohre, Kabel, unverputztes Mauerwerk ...

... ...

„Bin ich hier richtig?"

„Nein."

„Nein?"

„Nein – Du bist in einer Assoziation aus Mars und Saturn statt Geburah und Binah."

„Warum?"

„Gehe noch mal zu dem Tor und tritt noch einmal hindurch."

„O.k."

... ...

Das Tor sieht noch immer so aus wie vorher, doch es wirkt ein bißchen neuer. Ich öffne es und gehe hindurch. Auch der Gang sieht ein wenig neuer und gepflegter aus. Ich gehe ihn entlang ... es ist irgendwie mühsam, obwohl ich keinen Hindernisse begegne – seltsam ...

Das scheint immer so weiter zu gehen ... Nein, da hinten weitet sich das Ganze – aber jetzt scheint alles zu schweben ... Was ist das? Da schweben Bauteile und ganze Häuser in der Luft und jeder fester Zusammenhalt scheint sich aufzulösen ... Das wirkt eher wie eine Annäherung an Chokmah als eine Annäherung an Binah ...

... ...

„Was ist hier los?"

„Gehe noch mal zum Anfang zurück."

„O.k."

... ...

Komisch – muß ich diesen Weg mehrmals gehen, um sein Wesen begreifen? Das würde ja eigentlich passen, da Binah der grundlegende Zusammenhang und Geburah die einzelne Handlung ist ...

Also zurück zum Anfang. Das Tor sieht nun noch neuer aus – das Metall glänzt sogar stellenweise ein wenig. Ich öffne das Tor und gehe hindurch. Nun ist der Gang nach oben hin offen und die Seitenwände sind nicht mehr senkrecht, sondern schräg zur Seite hin geneigt – das wirkt jetzt eher wie ein Tal.

Ich gehe weiter. Der Gang mit den schrägen Seitenwänden wird nun wirklich zu einem Tal. Ich gehe in dem Tal bergauf. Da vorne ist etwas sehr Großes. Wie eine große Kugel oder eher wie ein Oktaeder – ich kann die Form nicht genau erkennen – aber sie liegt da auf dem Weg und ist groß wie ein Berg. Das muß Binah sein – eine komische Darstellung von Binah ...

... ...

„Sehe ich jetzt die Formen richtig?"

„Ausreichend genau."

„Was ist hier das Wichtigste?"

„Das Du erkannt hast, daß Du manche Dinge mehrmals tun mußt, um sie so sehen zu können, wie sie sind."

„Und welche Wirkung hat das?"

„Das Du sinnvoller handeln kannst und dadurch effektiver wirst."

„Ja – das klingt jetzt nach dem 17. Pfad, der ja die Grundregeln von Binah mit den Taten in Geburah verbindet. Aber das geht tiefer als einfach nur „Sachkenntnis", oder?"

„Ja."

„Kannst Du dazu etwas sagen?"

„Weltkenntnis."

„Lebenskenntnis?"

„Aus Deiner Sicht ist das dasselbe, da Du in der Welt lebst."

„Hm – gut argumentiert. ... Ich habe aber noch nicht das Gefühl, daß der Groschen bei mir gefallen ist, obwohl ich das Gefühl habe, daß hier ein Groschen fallen könnte."

„Das liegt daran, daß der Groschen hier nicht plötzlich fällt, sondern allmählich sinkt."

„O.k. ... das ergibt sich ja eigentlich schon aus dem Motiv der Wiederholungen und der allmählichen Annäherung ... Ja, gut ... Danke."

„Bitte."

„Ho!"

33. Element:

die Sephirah *Binah*

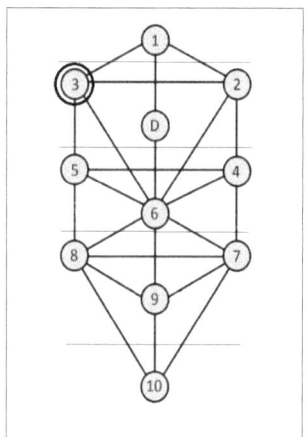

1. Traumreise   (Jörg und Harry)

Diese Vision hatte nur wenige Bilder: Binah erschien wie ein riesiger „Klumpen", in dem alle Bestandteile fest zusammengehalten werden und der vollständig von Liebe erfüllt ist. Das Grundgefühl hier ist „Heimat" – eine Heimat, die immer da ist, die man vielleicht einmal vergessen, aber nie verlieren kann. Hier wird die Verwandtschaft mit allen Dingen erlebt, man spürt, daß die Vielheit nur die vielen Zellen eines Organismus ist.

Diese zusammenhaltende Kraft, die auch das Gefühl von Heimat und Geborgenheit verursacht, und die man in sich selber als eine grenzenlose Liebe spüren kann, ist dieselbe Kraft, die in der Physik als die Farbkraft erscheint, die die drei Quarks in den Neutronen und Protonen zusammenhält.

2. Traumreise   (Harry)

Ich schaue mir das Tor an, das von dem 18. Pfad aus, der von Tiphareth kommt, nach Binah führt. Es ist ein aus Naturstein gemauertes Tor mit zwei hölzernen Torflügeln.

Das Tor, an dem der von Geburah kommende 17. Pfad, der nach Binha führt, endet, ist auch aus Naturstein gemauert, aber er hat keine Torflügel – er ist offen.

... ...

97

„*Ist das Tor offen, weil ich hier schon häufig langgegangen bin oder steht dieses Tor allgemein offen?*"

„*Dieses Tor steht immer offen – ihr seid stets willkommen.*"

... ...

Ich gehe durch das Tor nach Binah hinein. Hier ist dieses Gefühl der Gemeinschaft, des Zusammenhalts, der grundlegenden Bindungen zwischen allen Dingen.

... ...

„*Elohim, Binah-Aspekt Gottes – magst Du mir etwas sagen oder zeigen?*"

„*Das Wesentliche kennst Du. Warum fragst Du noch?*"

„*Sicherheitshalber.*"

„*Du bist Dir doch schon sicher über die Qualität von Binah.*"

„*Hm, ja ... schon ... aber oft gibt es doch noch neue Aspekte zu entdecken.*"

„*Das ist in Binah nicht wichtig. Hier sind die Grundformen wichtig. Und diese Grundform ist der Zusammenhalt, der Zusammenhang, die Beziehung, die Regelmäßigkeit.*"

„*Das astrologische Trigon ...*"

„*Ja – diese Qualität.*"

„*Danke, Elohim.*"

„*Bitte.*"

... ...

„*Zaphkiel, Erzengel von Binah – möchtest Du dem noch etwas hinzufügen?*"

„*Streng Dich nicht so an. Laß zu, daß Du wächst. In Dir ist die Weisheit, die weiß, wie es geht. Auch die Eichel strengt sich nicht an, um eine Eiche zu werden – sie tut einfach nur das, was ihrem Wesen entspricht: wachsen.*"

„*Hm ... ja, Danke ... das ist etwas, was wohl wichtig für mich ist ... Danke, Zaphkiel!*"

„*Bitte.*"

„*Ho!*"

3. Traumreise: Das Aussehen des Erzengels Zaphkiel   (Harry)

Sein Gewand hat die Farbe von Mondlicht. Zaphkiel wirkt weiblicher als die anderen Erzengel – geradezu mütterlich, obwohl er von seiner Gestalt und seinem Gesicht her männlich ist. An dem Saum seines Gewandes sind Wolken-Ornamente, die jedoch sehr viel zerfließender sind als die Ornamente an den Säumen des Gewandes von Tzadkiel.

Er trägt an der Spitze des Halsausschnittes seines Gewandes eine Mandel-Form mit zwei Spitzen, in der sich das Symbol des Uranus befindet.

Sein Haar ist braun und er trägt ein Stirnband, das seltsamerweise die Ausstrah-

lung einer liebevollen Umarmung hat – was ja gut zu der Gemeinschaft paßt, die man in Binah erleben kann.

Seine hellen Flügel strahlen so etwas wie Mondlicht aus.

Zaphkiel hat auch seine Arme und Hände wie zu einer Umarmung ausgebreitet.

Er steht in dem Steinkreis in Binah und zugleich ist er überall rings um den Steinkreis her – er ist eigentlich überall und nicht nur an einem bestimmten Ort.

Sein Blick ist herzlich, mütterlich, willkommen-heißend ... Seine Augen sind wie zwei Monde.

Ich tauche in diesen Blick ein und finde mich sofort in einer ganz tief gehenden Geborgenheit wieder ... Binah ist die Sephirah der Muttergöttin ... Es gibt keinen Grund, hier jemals wieder fortzugehen ... ...

Ich kehre schließlich doch wieder zurück und stehe wieder vor Zaphkiel, aber habe das Gefühl der Geborgenheit in mir bewahrt und mitgenommen.

... ...

„Was ist das Wichtigste hier, Zaphkiel?"

„Du hast es gerade erlebt."

„Ja ... ich wüßte nicht, was es hier Wichtigeres geben könnte ... Danke, Zaphkiel!"

„Bitte."

„Ho!"

34. Element:

der 16. Pfad *von Tiphareth nach Chokmah*

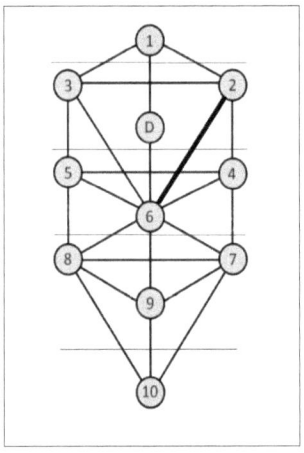

1. Traumreise   (Jörg und Harry)

Wir begannen in Tiphareth. Hinter dem Tor zu dem 16. Pfad, der nach Chokmah führt, war ein Gang durch eine Höhle in Felsen, worüber wir uns ein wenig wunderten. Nach einer Weile verwandelte sich der Felsen in Nebel, nur der Boden der Höhle blieb aus Felsen. Dann lichtete sich der Nebel und wir sahen, daß wir auf einem Grat entlang wanderten, der schließlich endete – nach allen Seiten hin fielen die Felsen steil hinab.

Jörg: „Wie geht es hier weiter?"

Harry: „Sollen wir um Hilfe bitten auf dem Weg nach Chokmah?"

Jörg: „Ja, das ist wohl am sinnvollsten."

Da kamen bereits zwei Vögel, genauer gesagt, ein Falke, der zu Jörg flog und ein Flugsaurier, der vor mir landete. Ich mußte an meinen Skorpion-Saturn im zweiten Haus denken – da gerät alles ein bißchen groß und solide. Der Falke und der Flugsaurier luden uns ein, auf ihre Rücken zu steigen, was wir dann auch taten.

Dann flogen sie mit uns in die Höhe, immer weiter empor. Schließlich erreichten wir die Wolken und stiegen auch in ihnen immer höher hinauf, bis wir schließlich den Raum oberhalb von ihnen erreichten, der das Weltall war. Und immer weiter stiegen wir hinauf, bis wir schließlich eine Art Wolkenbank im Weltall erreichten, auf der ein großer, weißer Thron stand. Dort auf der Wolke setzten uns die beiden „Vögel" ab. Wir dankten ihnen, und als wir sahen, daß sie fortfliegen wollten, frugen wir, wie wir denn wieder zurückkommen sollten. Da verwandelten sie sich in zwei Männer, lachten und sagten, daß wir das schon selber könnten.

Harry: „Wer seid ihr?"

Mann: „Wir waren auch Menschen und nun sind wir hier und helfen anderen Menschen."

Jörg: „Warum lacht ihr soviel? Ihr habt auch bei dem Flug schon immer wieder gelacht."

Mann: „Wie sollten wir ohne Lachen das aushalten, was ihr in euren Leben aus eurer Wahrheit macht?"

Beide Männer lachten wieder und flogen davon.

Wir standen vor dem Thron und frugen uns, was wir tun sollen – es war, als würden wir vor einem großen Haus stehen, so groß ist der Thron. Wir kommen uns ein wenig klein vor, so wie Kinder, die mit den Stühlen der Erwachsenen spielen. Schließlich setze ich mich auf den Thron – es scheint in Ordnung zu sein. Alles fühlt sich ruhig und klar und vor allem eindeutig an. Nach einer Weile steige ich wieder hinab und Jörg setzt sich auf den Thron. Schließlich fliegen wir als Menschen wieder durch die Wolken zurück zu dem Felsengrat.

Die wichtigste Erkenntnis auf diesem Pfad für uns war, daß Entschiedenheit und Humor offenbar zusammengehören – so wie man es ja auch bei allen Weisen findet.

Die andere Erkenntnis war, daß wir beide offenbar noch nicht die Einsgerichtetheit dieses Pfades erreicht haben – nicht als Vorstellung in uns und schon garnicht in unserem konkretem Leben. Aber es war auf einmal selbstverständlich, daß es diese Qualität ist, um die es geht, und aus der heraus zu leben das einzig Sinnvolle ist.

2. Traumreise   (Harry)

Ich stehe in Tiphareth vor dem Tor zu dem 16. Pfad, der nach Chokmah führt. Das Tor ist aus hellem Material und leuchtet. Ich trete hindurch und bin sofort im Weltraum und fliege dort.

Wo geht es hier nach Chokmah? ... Das scheint keine Frage der Richtung, sondern des Verhaltens zu sein. Chokmah ist ein kein Ort, sondern ein Verhalten.

Wie kann ich mich dem annähern? ... Meinen Tanz tanzen, mein Lied singen.

... ...

„Ist es das, was auf diesem Pfad das Wichtige ist?"

„Ja."

„Singen und tanzen ... oder auf einem Musikinstrument improvisieren?"

„Oder das, ja."

„Ist das dieser Zustand beim Improvisieren, wenn es zu schwingen beginnt und eine Eigendynamik erhält, die sich selber trägt und sich schrittweise entfaltet und immer intensiver wird?"

„*Das ist die Musik-Ekstase, die Einsgerichtetheit des Klanges.*"

„*Das genieße ich sehr, wenn ich in diesen Zustand komme. Das geht mit einigen Instrumenten wie Gitarre, E-Getarre, E-Baß, Harfe, Psalter und Flöte leichter als mit anderen Instrumenten. Woran liegt das?*"

„*Sie entsprechen mehr Deiner inneren Stimme.*"

„*Hm – mit den Congas geht das auch.*"

„*Hör auf, diese Instrumente aufzuzählen! Was soll die Angeberei!?*"

„*Oh ... ja ... hm ... Was ist denn das Wichtigste hier?*"

„*Das hast Du schon beschrieben: die Einsgerichtetheit, die vollkommnene Selbsttreue, die Ekstase.*"

„*Ja ... o.k. ... Danke.*"

„*Bitte.*"

„*Ho!*"

35. Element:

der 15. Pfad *von Chesed nach Chokmah*

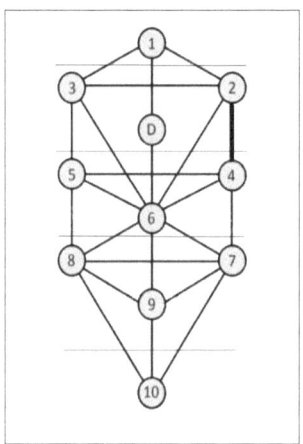

1. Traumreise   (Jörg und Harry)

Zunächst reisten wir von Tiphareth aus in den Tempel in Chesed und konzentrierten uns dort auf die dort verehrte Gottheit (Chokmah). Durch diese Konzentration, diese Hingabe an das von der Gottheit in das Zentrum des Tempels gesandte Licht entstand Liebe zu der Gottheit und wir wurden in zunehmendem Maße von diesem Licht erfüllt und schließlich wurden wir dieses Licht und erlebten uns dann selber als Licht, das sich mit unvorstellbarer Geschwindigkeit bewegt, aber zugleich völlig ruhig und vollkommen „selbstgewiß" war.

Dies war eine der Reisen, auf der nur wenige Bilder erschienen, aber auf der die Gefühle umso intensiver waren. Der Übergang über den Abgrund erschien in dieser Vision als die Verwandlung in Licht – was sozusagen eine Illustration von Einsteins berühmter Formel „$E=m\cdot c^{2}$" ist: Die Materie des eigenen Körpers verwandelt sich in reine Energie, in Licht; und dieses Licht ist die Gottheit in der Sephirah Chokmah, die in den Visionen offenbar fast immer als Lichtsturm erscheint.

2. Traumreise   (Harry)

Ich stehe in Chesed vor dem Tor, hinter dem der 15. Pfad liegt, der nach Chokmah führt. Das Tor scheint aus „formgewordenem Licht" zu bestehen.
Ich trete durch das Tor. Die Ähnlichkeit mit dem 16. Pfad, der von Tiphareth nach

Chokmah führt, ist sehr groß, aber hier ist dieser Pfad gebündelter, konzentrierter, klarer ausgerichtet: Chesed ist die Ausgestaltung der Essenz von Chokmah. Diesem Pfad von Chesed nach Chokmah hin zu folgen ist wie die Besinnung der Eiche auf die Eichel, aus der heraus sie entstanden ist und die bei allem, was die Eiche tut, der Bezugspunkt ist.

Eigentlich erlebe ich hier keinen richtigen Pfad, den man beschreiben könnte – da ist nur der allmähliche Übergang von der Form zur Essenz.

... ...

„Was ist hier das Wichtigste?"

„Der Kontakt zur Essenz bei jeder Gestaltung des Lebens."

„Hm ... das ist schlicht und klar und überzeugend ... ... Da habe ich keine weiteren Fragen mehr. ... Danke."

„Bitte."

„Ho!"

36. Element:

der 14. Pfad *von Binah nach Chokmah*

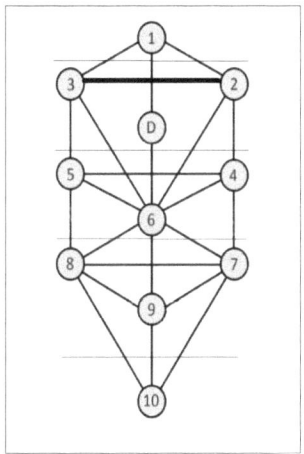

1. Traumreise   (Jörg und Harry)

Wir begannen in Binah und suchten dort das Tor in den 14. Pfad hinein, was auffallend mühsam war – in etwa so, als ob uns dieses Tor immer wieder entwischen würde. Schließlich hatten wir es durchschritten und fanden uns in einer Art Höhlengang wieder, der aber riesig groß war – irgendwie wie eine Unmenge Monde und Felsbrocken, die im Weltall einen Gang bilden, also fließend, offen, mit Durchblicken nach außen.

Beim Blick zurück sahen wir Binah, das sich in der Kraft von Chokmah bewegte: Es war wie ein inneres Durchgeknetetwerden eines Planeten durch ungeheure Kräfte.

Es war mühsam, durch diesen Gang zu gehen und dabei sein eigenes Bewußtsein klar zu erhalten und wir verloren uns immer wieder aus den Augen. Als wir die Mitte des Pfades erreichten, wurde dies besonders heftig, sodaß wir immer wieder in andere Bilder abglitten. Schließlich entdeckten wir, daß wir hier nur weiterkamen, wenn wir nicht angestrengt weitergingen, sondern uns sozusagen in unser Ziel hinein entspannten. Oder mit anderen Worten: Man kann sich nicht nach Chokmah hin „handeln" sondern nur dahin „wünschen", da jedes Handeln ein Unterscheiden und ein Ablenken vom Ziel bedeutet – man kommt auf diesem Pfad dann nach Chokmah, wenn man in sich die Gewißheit findet, daß Chokmah bereits auf den eigenen Besuch wartet bzw. daß man bereits dort ist.

Dieser Effekt liegt darin begründet, daß Binah die Vielheit ist, die sich aufeinander bezieht, aber Chokmah bezieht sich nur noch auf den Ursprung aller Dinge in Kether und auf sich selber, also auf die eigene Expansion aus Kether heraus. Daher muß man auf diesem Pfad alle „Fremdbezogenheit" loslassen, um nach Chokmah kommen zu können.

2. Traumreise   (Harry)

Ich stehe in Binah vor dem Tor zu dem 14. Pfad, der von hier nach Chokmah führt. Das Gefühl ist hier sehr deutlich: der Übergang von Form zu Kraft.

Wie sieht das Tor denn aus? Das ist ein Tor aus Naturstein ohne Türflügel, aber mit Schwelle – und diese Steine lösen sich allmählich aus ihrer Verbindung miteinander und werden zunehmend einzelne Steine, die da schweben. Das ist ja eine anschauliche Illustration der Qualität des Pfades, der hier beginnt ...

Ich betrete den Pfad ... Er ist mehr Qualität als Bild ... Die Orientierung wechselt hier ihre Richtung: In Binah sind die Einzelnen aufeinander ausgerichtet und erleben sich als Gemeinschaft, in Chokmah ist jeder auf seine eigene Essenz ausgerichtet und erlebt sich als einsgerichtete Qualität und somit als Ekstase.

Die Szenerie ist am ehesten noch wie das Weltall: Stern in endloser Weite ...

... ...
„Was ist hier das Wichtigste?"
„Das hast Du schon treffend formuliert."
„Und gibt es etwas, was für mich förderlich zu sehen oder zu erleben wäre?"
„Nicht jetzt. Gehe Schritt für Schritt."
„Ja, gut. ... Danke."
„Bitte."
„Ho!"

106

37. Element:

die Sephirah *Chokmah*

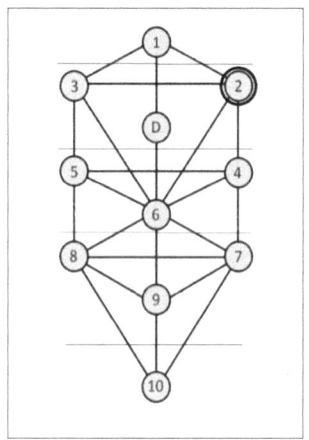

1. Traumreise   (Jörg und Harry)

Wir kommen über den 14. Pfad von Binah nach Chokmah hinein. Dort ist nur eine einzige Vision, aber die ist überwältigend: wir stehen inmitten eines unbeschreiblichen Lichtsturmes – Wirbel und Windböen aus gleißendweißem Licht, die um uns her brausen.

Anschaulicher kann man das Prinzip der ungehinderten Expansion von Chokmah eigentlich garnicht mehr erleben. Dies entspricht dem Prinzip der von „0" ins Unendliche hinausreichenden Koordinatenachse, dem inflationären Weltall, also der Ausdehnung des Weltalls mit einem Vielfachen der Lichtgeschwindigkeit kurz nach dem Urknall, und es entspricht der Zuordnung der Photonen zu Chokmah in dem Lebensbaum der Physik, und nicht zuletzt ist es eine schöne Illustration dessen, was mit Ekstase gemeint ist.

2. Traumreise   (Harry)

Ich schaue mir die drei Tore an, die zu Chokmah führen.
Das Tor am Ende des 16. Pfades, der von Tiphareth kommt, ist einfach eine Intensivierung des Lichtes, aber es ist trotzdem ein klarer Übergang.
Das Tor am Ende des 15. Pfades, der von Chesed kommt, ist der Anfang eines Lichtstrahles, der in Chokmah beginnt.

Das Tor am Ende des 14. Pfades, der von Binah kommt, ist ein Übergang von Form zu Kraft bzw. von „diffusem Licht", also einer Überlagerung von verschiedenen Lichtstrahlen, zu „Licht an sich".

Ich gehe von von Binah aus durch das Tor am Ende des 14. Pfades nach Chokmah hinein. Hier ist wieder der Lichtsturm, die Wirbel aus Lichtwolken, die hohe Intensität, die Ekstase, der Tanz ...

... ...

„Was ist hier das Wichtigste?"

„Die Einsgerichtetheit. Sie muß nicht erreicht werden – sie ist der ursprüngliche Zustand. Er muß nur zugelassen werden."

... ...

„Ja ... ... Yah, Chokmah-Aspekt Gottes – möchtest Du mir etwas sagen oder zeigen?"

„Sei."

„Hm ... ja, gut ... noch kürzer kann man das ja nicht mehr nicht fassen, worum es hier geht ... Danke. ... ..."

... ...

„Ratziel, Erzengel von Chokmah, möchtest Du dem noch etwas hinzufügen?"
Ich spüre, daß Ratziel lächelt ...
„Streng Dich nicht an – sei einfach."
„Hm ... ja, gut ... Danke, Ratziel."
„Bitte."
„Ho!"

3. Traumreise: Das Aussehen des Erzengels Ratziel   (Harry)

Sein Gewand ist weiß mit einem grauem Schimmer in den Faltenwürfen, die dieses Weiß jedoch nicht dunkler erscheinen lassen, sondern nur deutlich machen, daß dieses Weiß aus einer Vielfalt verschiedener Lichtstrahlen besteht. Die Ornamente an den Säumen seines Gewandes sind ebenfalls weiße Strahlen und Wirbel.

An der Spitze seines Halsausschnittes ist eine Tropfenform mit dem Symbol des Neptuns in ihm.

Auch sein Haar ist wie weißes Licht, das nach allen Seiten hin strahlt und sich ungehemmt ausdehnt. Er trägt kein Stirnband – er ist hemmungslose Ausdehnung und hemmungsloser Selbstausdruck.

Seine Flügel sind die „Schwingen des Lichtsturms".

Er streckt beide Arme zur Seite und leicht nach oben hin aus – auch seine Hände sind ausgestreckt. Sein Kinn ist leicht erhoben. Seine ganze Haltung drückt diesen hemmungslosen, grenzenlosen Selbstausdruck, diese Expansion und dieses Strahlen aus – diesen „Schrei der Schöpfung", diesen „Lichtsturm".

Er steht in diesem „Lichtsturm" und auch seine Augen sind dieses Licht, dieser „Lichtsturm".

Ich tauche in seinen Blick ein und spüre augenblicklich pure Ekstase, vollkommene Einsgrichtetheit – und das eine, worauf diese Ekstase ausgerichtet ist, ist das eigene Wesen, das sich hier hemmungslos ausdehnt.

Ich kehre wieder aus Ratziel zurück und stehe wieder vor ihm.

... ...

„Diese Ekstase ist vermutlich das einzig Wichtige in Chokmah, nicht wahr?"

„So ist es."

„Danke, Ratziel"

„Bitte."

„Ho!"

38. Element:

das obere Dreieck (Da'ath, Binah, Chokmah)

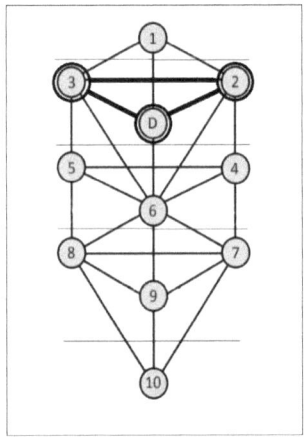

1. Traumreise   (Harry)

Das obere Dreieck ist die Grundlage, der schöpferische Teil des Lebensbaumes. Er entspricht den vier kardinalen Tierkreiszeichen, also dem Widder (Feuer), dem Krebs (Wasser), der Waage (Luft) und dem Steinbock (Erde).

Was sehe ich, wenn ich innerlich dorthin blicke? ... Intensive Bilder, die stark und farbig leuchten ... das ist wie ein Meer, das Strukturen enthält, die die gesamte Schöpfung formen ... das ist die Götterwelt ... oder der Bereich der Energiequanten ... das kollektive Unterbewußtsein ...

_... ... ..._
„Was ist hier das Wichtigste?"
„Für Dich ist es Deine Schutzgottheit."
„Ja ... und allgemein?"
„Es ist immer die jeweilige Schutzgottheit."
„Also das Meer, von dem die eigenen Seele ein Tropfen ist."
_„Ja."_
„Und das gilt genauso für Tiere, Pflanzen, Steine usw.?"
„Ja. Hier finden sich die Urbilder, die Essenzen und die Zusammenhänge mit allem anderen, die Mythologien."
„Gibt es da noch etwas, was ich wissen, sehen, erleben sollte?"
„Nein – die einzelnen Bereiche – Da'ath, Binah, Chokmah – sind wichtiger. Die Wahrnehmung des Dreiecks gibt Dir aber Überblick und Orientierung."
„Ja, das tut es. ... Danke." – „Bitte." – „Ho!"

39. Element:

die *Säule des Wassers* (Binah, Geburah, Hod)

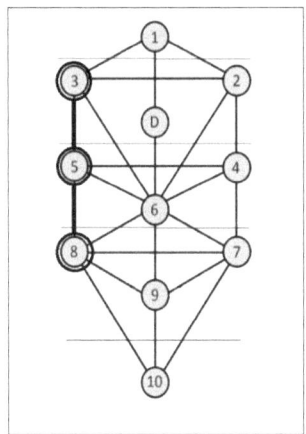

1. Traumreise   (Harry)

Ich schaue auf die linke Säule des Lebensbaumes.

Mir fällt ein, daß dies die Wolken-Säule ist, die den Juden beim Auszug aus Israel den Weg gewiesen hat. Es ist auch eine der beiden Säule vor dem Tor des Tempels von König Salomon. Diese beiden Säulen gehen auf die beiden Pantherstatuen vor den Schwitzhütten-Tempeln von Göbekli Tepe vor 12.000 Jahren in Mesopotamien zurück. Sie entsprechen auch den beiden großen Menhiren am Anfang von Stein-alleen, den beiden Pylonen vor den ägyptischen Tempeln und den beiden Kirchtürmen vieler gotischer Kathedralen.

Aber jetzt habe ich wieder eine Wanderung durch mein Wissen gemacht anstatt zu schauen.

Also – was sehe ich? ... Ist das jetzt Wahrnehmung oder Analyse, was ich da mache? Ich bin mir nicht sicher ... Die Säule des Wassers umfaßt die drei Sephiroth, die in den drei Dreiecken die jeweils zweite Sephiroth sind. Sie sind für die Ausgestaltung und Formung zuständig. So fühlt sich diese Säule auch an: Formung und Gestaltung. Das ist wieder die Qualität der vier fixen Tierkreiszeichen Löwe, Skorpion, Wasser-mann und Stier.

... ...
„Was ist hier das Wichtige?"
„Die Form."
„Ja, gut ... Danke."
„Bitte." – „Ho!"

40. Element:

die *Säule des Feuers* (Chokmah, Chesed, Netzach)

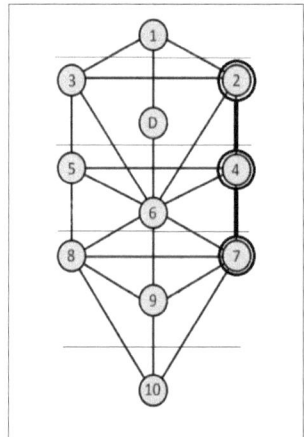

1. Traumreise   (Harry)

Ich schaue auf die rechte Säule des Lebensbaumes.

Dies die Feuer-Säule, die den Juden beim Auszug aus Israel den Weg gewiesen hat. Sie hat den Charakter der vier kardinalen Tierkreiszeichen Widder, Krebs, Waage und Steinbock – diese drei Sephiroth sind jeweils die erste Sephirah in dem jeweiligen Dreieck.

Wie fühlt sich das an? Wie sieht das aus? Hier sind Impulse, hier ist Kraft, hier wird etwas erschaffen ... Der Name „Säule des Feuers" paßt schon ganz gut.

Ansonsten ist nicht viel zu sehen ...

... ...

„Was ist hier das Wichtigste?"

„Die Gruppen der Dreiecke und der Säulen geben Dir Überblick – das eigentliche Wissen liegt in den einzelnen Sephiroth und in den Pfaden."

„Ja, das sehe ich auch so ... wobei ich finde, daß die drei Dreiecke und die drei Säulen schon jeweils einen deutlich erkennbaren Charakter haben."

„Sonst könnten sie nicht bei dem Erlangen von Orientierung helfen."

„Hm ... stimmt auch wieder ... o.k. ... Das war das Wichtigste?"

„Ja."

„Danke."

„Bitte."

„Ho!"

41. Element:

die *Erste Ursache* zwischen Binah/Chokmah und Kether

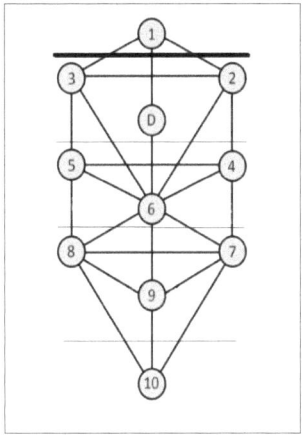

1. Traumreise   (Harry)

Ich gehe zu der Ersten Ursache. Wie sieht die aus? Das ist wie ein Blitz – es ist plötzlich, ohne Vorgeschichte, hemmungslos, heftig, unbegrenzt ... Nunja – wenn es das Erste ist, was geschieht und es noch keine Vorgeschichte gibt, auf die sich das Geschehen beziehen kann, in das das Geschehen eingeordnet werden kann und von dem das Geschehen relativiert werden kann, muß es heftig, hemmungslos, plötzlich und unbegrenzt sein ...

Läßt sich da noch mehr erkennen? ... In die entgegengesetzte Richtung ist die „Erste Ursache" sozusagen die „Letzte Tat". Es ist ein vollkommenes „Ja", durch das sich die Eigenständigkeit vollkommen in die Einheit von Kether hinein auflöst.

Gibt es da noch mehr zu sehen? ... Da ist noch etwas Interessantes. Da ist so etwas wie ein hemmungsloses Gefühl. Das ist wie ein Lächeln, ein Lachen – das ist in keiner Weise auch nur im geringsten Maße begrenzt oder eingeengt oder außenbestimmt. Das ist sozusagen die „vollkommene Tat", die „vollkommene Magie", bei der Absicht und Wirkung volkommen übereinstimmen. Wie sollte das auch anders sein, wenn es hier nichts gibt, was diese Tat in irgendeiner Weise beeinflussen könnte? Die Schöpfung (Erste Ursache) der Welt (Malkuth) durch Gott (Kether) ist also die vollkommene Magie gewesen ... das ist eine interessante Sicht auf den Urknall ...

Die vollkommene Magie findet man also hier oben bei der Ersten Ursache ... und diese Magie fand nur einmal beim Urknall statt, weil es da noch nichts gegeben hat, was das, was gerade geschah, hätte beeinflussen können ... Deshalb gab es da auch die inflationäre Phase des Weltalls, in der es sich mit der 10^{50}-fachen Lichtgeschwin-

113

digkeit ausgedehnt hat – das lag daran, daß die Gravitation direkt nach dem Urknall noch gar keine Zeit gehabt hat, wirksam zu werden. Die Magie an der Ersten Ursache ist also so heftig wie die inflationäre Phase des Weltalls! Das ist ja ein sehr anschauliches Bild!

Man kann hier doch noch immer wieder etwas Neues entdecken ...

... ...

„Was ist hier das Wichtigste?"

„Du hast es schon beschrieben."

„Ja, gut ... Danke."

„Bitte."

„Ho!"

42. Element:
der 13. Pfad (2. Teil) *von Daath nach Kether*

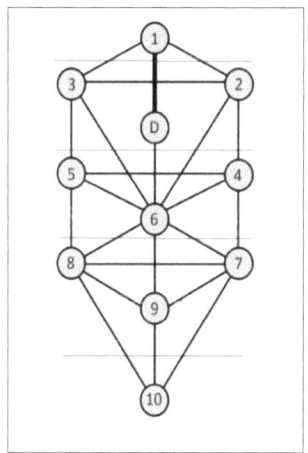

1. Traumreise   (Jörg und Harry)

Dieser Pfad erschien uns fast vollkommen bilderfrei. Wir begannen in der Abgrenzungslosigkeit von Daath und stiegen dann empor. Es war ein Gefühl, als ob man mit einem Fesselballon aufsteigen würde – ein langsames Emporschweben, bis sich die in der Abgrenzungslosig noch vorhandene Vielfalt nach und nach integrierte und ihre „Falten" sich glätteten, bis auf uns auf einmal bewußt wurde, daß wir in der Vision der Einheit angekommen waren.

2. Traumreise   (Harry)

Ich beginne in Da'ath. Vor mir ist das Tor, das zu dem oberen Teil des 13. Pfades führt. Das Tor besteht einfach aus weißem Licht und hat keine bestimmte Form.

Ich gehe durch dieses Tor, d.h. durch dieses Licht. Es wird zunehmend heller und auf eine Weise einheitlicher, die ich nicht so recht beschreiben kann – als wenn aus „Lichtstrahlen" allmählich „Licht" werden würde.

... ...

„Was ist hier das Wichtigste?"

„Sein."

„Ist das ein anderes Wort für „Einheit", also für „Kether"?"

„Das Wort „Einheit" beschreibt die Struktur; das Wort „Sein" beschreibt die

115

Substanz. "

„O.k., das verstehe ich. Gibt es hier sonst noch etwas Wichtiges zu sehen oder zu verstehen. "

„Man könnte viel darüber reden, aber das wären alles nur weitere Bilder für dieselbe Sache. "

„So wie „Raumzeit" ein weiterer Begriff und ein physikalisches Bild für das wäre, was man hier wahrnimmt? "

„Ja. "

„Ja, gut ... Danke! "

„Bitte. "

„Ho! "

43. Element:

die *obere Pfad-Kreuzung* (13. Pfad und 14. Pfad)

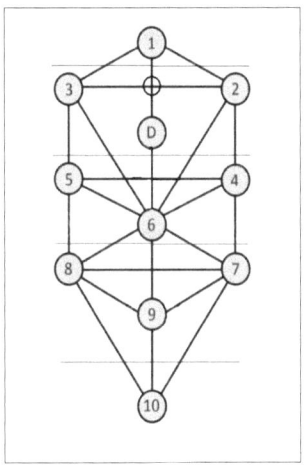

1. Traumreise   (Harry)

Das ist jetzt der dritte dieser Kreuzungspunkte. Hier kreuzen sich der 13. Pfad und der 14. Pfad. In Analogie zu den beiden anderen Kreuzungen kann man sagen, daß hier Kether mit den drei Sephirah des oberen Dreiecks, also mit Cholmah, Binah und Da'ath verbunden ist – oder mit anderen Worten, daß hier Gott mit den Gottheiten verbunden ist.

Wie sieht dieser Ort aus? Das Gefühl dort ist, daß man kurz vor dem Übergang in die Einheit von Kether steht. Physikalisch gesehen ist man noch in dem Bereich der Energiequanten, aber man kann sehen, daß diese Energiequanten nur Krümmungen der Raumzeit sind. Oder anders gesagt: Man ist noch im Bereich der Gottheiten, aber man kann sehen, daß alle Gottheiten Aspekte von Gott sind: Chokmah ist Gottes Gefühle – die Gottheiten; Binah ist Gottes Gedanken – die Beziehungen zwischen den Gottheiten; Da'ath ist Gottes Träume – das Zusammenwirken aller Gottheiten als Mythologie.

Irgendwie ist hier Verstehen und Wahrnehmen dasselbe, aber ich versuche noch mal, mich stärker auf das Wahrnehmen zu konzentrieren.

Hier ist ein starker gestalterischer Impuls, wenn man auf die Richtung von Kether zu dem oberen Dreieck hinab achtet – das ist uneingeschränkte Kraft und Gestaltung. Nunja, wenn man das obere Dreieck als Gottes Psyche ansieht und es außer Gott nichts gibt, da er das Gesamtbewußtsein und die Gesamtsubstanz der Welt ist, gibt es ja auch nichts, was die freie Entfaltung Gottes einschränken könnte. Daher findet

117

sich hier an dieser Kreuzung das Erlebnis der in die Tat umgesetzten freien Entfaltung Gottes.

Was gibt es hier noch? ... Wenn man von dem oberen Dreieck aus nach Kether hinauf blickt, findet man so etwas wie Vertrauen. Doch das ist kein Vertrauen, das man aktiv erschafft – es ist eher ein Vertrauen, das man als das einzige real Mögliche erfaßt. Das ist ein bißchen so, als ob sich Gottes Psyche darüber klar werden würde, daß Gott hier der einzige ist, der alles, was geschieht, gestaltet und daß er vollkommen frei ist.

Dieses Vertrauen ist ein Selbstvertrauen, wobei dieses Selbstvertrauen vollkommen ist, weil nichts da ist, was es von außen her beeinflussen könnte – man könnte das auch „Selbstvertrauen durch Allmacht“ nennen. In diesem Sinne ist auch der Urknall allmächtig, weil er das Einzige ist, was da ist und es es nichts anderes gibt, was ihn in irgendeiner Weise von außen her verändern könnte.

Diese Pfad-Kreuzung ist also ein Ort der vollkommenen Freiheit und des vollkommenen Vertrauens und auch ein Ort der Allmacht – wobei diese Allmacht an Gott gebunden ist, der hier als das Gesamtbewußtsein und die Gesamtsubstanz der Welt angesehen wird.

... ...

„Was ist hier das Wichtigste?“

„Das Verhältnis zwischen der Einheit von Kether und der Vielheit des Restes des Lebensbaumes.“

„Gehört das nicht eigentlich zu dem Übergang „Erste Ursache“?“

„Dieses Verhältnis ist der Übergang „Erste Ursache“, ja – aber von dem oberen Kreuzungspunkt aus kannst Du diesen Übergang und dieses Verhältnis am besten sehen, erkennen und verstehen – und über diesen Übergang hinüber in die Einheit von Kether gehen.“

„Ja, das leuchtet mir sofort ein – das erlebe ich auch so. ... Gibt es hier sonst noch etwas zu sagen?“

„Nein – außer daß es hilfreich ist, diese drei Kreuzungen als Elemente in den Lebensbaum einzubeziehen.“

„Hm, ja – das war ein erfolgreiches Experiment. ... Ich habe drüber nachgedacht, ob auch die Kreuzungen des 18. Pfades (Tipahreth-Binah) und des 16. Pfades (Tiphareth-Chokmah) mit dem 14. Pfad (Binah-Chokmah) von Bedeutung sind, aber ich habe nicht den Eindruck. Siehst Du das auch so?“

„Die drei rechtwinkligen Kreuzungen, zu denen Du hier Traumreisen unternommen hast, habe eine inhaltliche Bedeutung – die beiden anderen „schrägen Kreuzungen“, die Du gerade genannt hast, haben nur eine graphische Bedeutung, aber keine inhaltliche Bedeutung.“

„Das habe ich auch so vermutet. ... Vielen Dank.

„Bitte.“ – „Ho!“

44. Element:

der 12. Pfad *von Binah nach Kether*

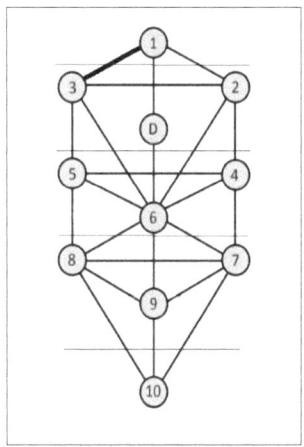

1. Traumreise   (Jörg und Harry)

Auch dieser Pfad war eigentümlich bilderarm. Man könnte ihn noch am ehesten als eine Ausdehnung der Liebe, die Binah erfüllt, beschreiben. Eigentlich ist es keine Ausdehnung der Liebe, die hier geschieht, sondern eher eine Verwandlung von Liebe in Identität, durch die man in Kether im „Ich bin" erwacht.

2. Traumreise   (Harry)

Das Tor in Binah, das zu dem 12. Pfad führt, der in Kether endet, ist der Platz in der Mitte der „Arena" in Binah. Dort endet der Lichtstrahl, der von Kether herab- kommt.

Ich stelle mich in der Mitte dieses Platzes in diesen Lichstrahl. Ich werde sofort wie nach oben ... hm, „gesogen" stimmt nicht, „getragen" auch nicht ... ich schwebe em- por ... in Richtung Kether ...

... ...

„Was ist hier das Wichtigste?"

„Das Stehen im Licht. Das bringt Dich zum Ursprung."

„Ja ... Danke."

„Bitte."

„Ho!"

45. Element:
der 11. Pfad *von Chokmah nach Kether*

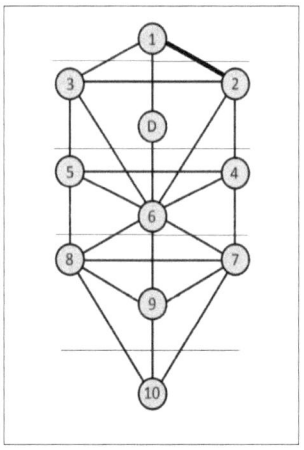

1. Traumreise   (Jörg und Harry)

Dieser Pfad hat keine „Länge" – er ist wie ein Durchgang, wie ein Augenblick. Er ist von Kether aus gesehen wie die Entstehung des Raumes aus der Zeit bzw. der Vielheit aus der Einheit heraus. Von Kether aus ist dafür ein Entschluß, die Einheit zu verlassen notwendig, die Konzentration auf einen ausgewählten Punkt in der Einheit oder genauer gesagt die Erschaffung eines von der Einheit unterscheidbaren Punktes, der sich dann sofort zu einem Tor öffnet, durch das man in den Lichtsturm von Chokmah fällt.

Von Chokmah aus ist dieser Pfad erreichbar, indem man sich auf die Quelle des Lichtsturmes konzentriert, also sozusagen auf den Nullpunkt des Koordinatensystems, in dessen Expansion man sich befindet. Wenn dies gelingt, verblaßt der Lichtsturm auf einmal und man ist in der Vision der Einheit ... ein ganz sanfter Übergang.

2. Traumreise   (Harry)

Gibt es hier ein Tor, das von Choklmah aus zu dem 11. Pfad führt? ... Der Pfad hat keine Länge – er ist einfach ein Übergang von einem Zustand in den nächsten. Von Chokmah aus gesehen ist er eine Besinnung auf den Ursprung – von Kether aus gesehen ist er ein Entschluß. Von Chokmah aus gesehen ist das Tor der eigene Anfang – von Kether aus gesehen erschafft man ein Tor, eine runde Öffnung in die Vielfalt hinein, indem eine Sache einer anderen vorzieht. Durch die Wahl einer Sache bewegt man sich in die Richtung dieser Sache und erschafft dadurch die Vielfalt. Vorher in Kether ist man einfach und hat keine Richtung. In Chokmah wird alles in eine Richtung hin gebündelt.

... ...

„Was ist hier das Wichtigste?"

„Das Tor und die bewußte Wahl: Etwas Einzelnes zu wählen bringt Dich von Kether nach Chokmah – das Ganze zu wählen bringt Dich von Chokmah nach Kether."

„Das ist eigentlich alles ganz schlicht und logisch – geradezu mathematisch."

„Das, was Du „analogie-logisch" nennst."

„Ja, das ist noch präziser. ... ... Danke."

„Bitte."

„Ho!"

46. Element:

die Sephirah *Kether*

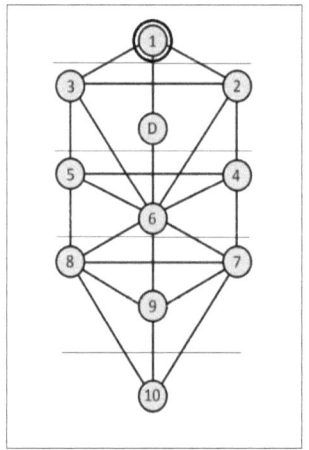

1. Traumreise   (Jörg und Harry)

Gleißendweißes Licht. Überall gleich. Endlos, ungegliedert, eins, alles, einzig. Gott. Bewußtheit und substanzielle Existenz (Materie/Energie) zugleich – beides ist nichts Verschiedenes mehr. Ruhe, aber sehr lebendige Ruhe – einfach sein. Ich bin. Die Wurzel aller Dinge.

Bei einer anderen Traumreise nach Kether war Kether glänzende Schwärze. Das war nur ein anderes Bild, aber dieselbe Qualität.

2. Traumreise   (Harry)

Die Tore von den drei Pfaden nach Kether hinein unterscheiden sich nur wenig – sie sind jeweils einfach das gleißend-weiße Licht von Kether. Der Unterschied besteht nur in dem Gefühl dessen, was sich an dem jeweiligen Tor in weißes Licht auflöst: an dem Ende des 13. Pfades, der von Tiphareth kommt, die eigene Identität; an dem Ende des 12. Pfades, der von Binah kommt, die Form; und an dem Ende des 11. Pfades, der von Chokmah kommt, die Ausdehnung.

Ich gehe durch das Tor am Ende des 11. Pfades nach Kether hinein. Hier gibt es offenbar keine verschiedenen Visionen – nur das gleißend-weiße Licht, die vollkommene Einheit aller Dinge.

... ...

„Eheieh, Kether-Aspekt Gottes – möchtest Du mir etwas sagen oder zeigen?"

Sobald ich Eheieh anspreche, falle ich aus der Einheit Kethers heraus und bin in Chokmah, dessen traditionelle Vision die „Begegnung mit Gott von Angesicht zu Angesicht" ist. Nunja ... das ist logisch ... Man kann nicht mit Eheieh sprechen und gleichzeitig in der Kether-Vision der vollkommenen Einheit bleiben ...

... ...

„Metatron, Erzengel von Kether – ich vermute, daß für Dich dasselbe gilt wie für Eheieh?"

Ich spüre sein Lächeln ... das ist das, was ich jedesmal im Kontakt mit Metatron erlebe ... Und auch hier falle ich aus Kether heraus und bin nun in Chokmah ...

... ...

„Danke."

3. Traumreise: Das Aussehen des Erzengels Metatron   (Harry)

Er trägt ein gleißend-weißes Gewand ohne Ornamente an seinem Saum. An seinem Halsausschnitt ist ein Kreis mit dem Symbol des Pluto zu sehen – aber das ist eher ein Wissen über eine Analogie als ein wirkliches Sehen. Er trägt kein Stirnband. Seine Arme und Hände machen keine besondere Geste und sie halten auch kein Symbol.

Alles an Metatron drückt die Schlichtheit der Einheit aus, die das Wesen von Kether ist. Sein einziges deutliches Merkmal ist sein Lächeln, das wie das Lächeln von Buddha oder von alten ägyptischen Statuen ist.

Ich kann gar nicht in seinen Blick eintauchen, da er überall ist und ich hier in Kether gar nicht anders als in ihm sein kann, da es hier nur die aller Vielheit zugrundeliegende Einheit gibt: gleißend weißes Licht ohne Ursprung, ohne Mitte, ohne Begrenzung, ohne Einteilungen ... einfach Licht ...

47. Element:

die *Mittlere Säule des Lichts*

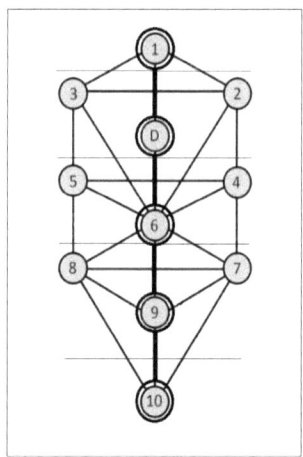

1. Traumreise   (Harry)

In dieser Säule befindet sich die erste Sephirah – die Einheit (Kether); dann die letzte Sephirah – die konkrete, materielle Vielheit (Malkuth); und schließlich die drei mittleren Sephiroth, die die drei dritten Sephiroth der drei Dreiecke sind (Da'ath, Tiphareth, Yesod).

Diese drei Sephiroth entsprechen von ihrer Dynamik her den vier beweglichen Tierkreiszeichen Schütze (Feuer), Fische (Wasser), Zwillinge (Luft) und Jungfrau (Erde).

Was sehe ich, wenn ich mir diese Säule anschaue? ... Bewußtheit, Bewegung, etwas fließt, diese Säule ist wie ein Leitungssystem – hier steigt auch die Kundalini auf und hier fließt das Bindhu herab ...

Ich habe eigentlich eine Form der Helligkeit bei der Mittleren Säule erwartet, aber „Säule des Lichts" scheint eher ein Name als ein Hinweis auf eine Vision zu sein – sofern ich hier nicht gerade etwas verpasse ...

... ...

„Was ist hier das Wichtige?"

„Bewußtheit."

„Hm ... ist hier mit „Licht" eigentlich „Bewußtheit" gemeint? Sollte diese Säule lieber „Säule des Bewußtseins" heißen?"

„Das wäre passender."

„Das fühlt sich auch schlüssiger an – obwohl „Säule des Lichts" natürlich sehr

poetisch ist ... Was ist sonst noch wichtig hier?"

„Die Bewegung – das Erweitern nach oben hin und das Verengen nach unten hin."

„Ja ... Malkuth ist das Wachbewußtsein und die Ekstase, Yesod das Unterbewußtsein, Tiphareth das Tiefschlafbewußtsein, Da'ath das kollektive Unterbewußtsein und Kether das Gesamtbewußtsein. Da kann man als Mensch wählen – wenn man es geübt hat – bis zu welchem Bereich hin man bewußt sein will. ... Noch etwas?"

„Nein – das genügt."

„Danke."

„Bitte."

„Ho!"

48. Element:

der *Blitzstrahl der Schöpfung*

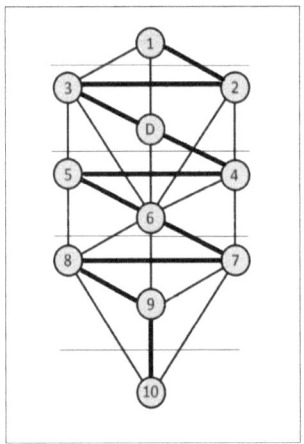

1. Traumreise   (Harry)

Der „Blitzstrahl der Schöpfung" ist die Folge der Sephiroth von Kether nach Malkuth hin. Sie wird auch „Schwert der Schöpfung" genannt, aber die Zickzack-Form paßt meines Erachtens besser zu dem Blitz – und der Blitz ist sehr oft ein Symbol des Himmels- und Schöpfergottes.

Ich gehe in den „Blitz der Schöpfung" hinein. ... Freiheit, Entfaltung, Expansion, Konkretisierung, Festigung, Verwirklichung ... Die Qualität dieser Lebensbaum-Dynamik ist eindeutig ... Sie ist am Anfang schnell und am Ende deutlich langsamer – ungefähr ab Netzach wird der Blitzstrahl deutlich langsamer.

... ...

„Was ist hier wichtig?"

„Daß Du mit dem Blitzstrahl verbunden bist – z.B. durch einen Licht-Lebenskraft-strahl, der von der Sonne zu Deinem Scheitelchakra herab kommt. Die Sonne ist das Kether eures Sonnensystems."

„Ja, das kenne ich aus der Meditation – das ist ausgesprochen wohltuend und weckt die Freude. ... Ich nehme an, daß das das Wesentliche gewesen ist?"

„Ja."

„Danke."

„Bitte."

„Ho!"

49. Element:

die *Schlange der Weisheit*

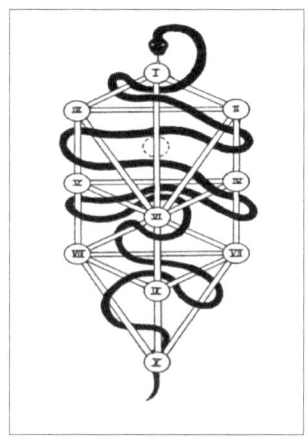

1. Traumreise (Harry)

Die „Schlange der Weisheit" ist die Folge der Pfade von Malkuth nach Kether hin. Sie entspricht offensichtlich der Kundalini.

Was sehe ich, wenn ich in diese „Schlange der Weisheit" hineingehe?" ... Da ist ein langsames, mühsames Aufsteigen, Integrieren, Bewußtwerden, Weiten, Lernen, Annehmen, Loslassen, Vereinen ... Das ist das, was ich auch von dem Lebensbaum so kenne.

... ...

„Was ist hier das Wichtige?"

„Die Erkenntnis. Die Selbst-Erweckung. Die Rückkehr zum Ursprung."

„Und dabei hilft es, die Kundalini zu wecken?"

„Ja."

„Vermutlich indem man einen Licht-Lebenskraftstrahl von der glühenden Erdmitte bis zu dem eigenen Wurzelchakra hinauf imaginiert?"

„Das ist die einfachste Variante."

„Hm ... gibt es da sonst noch etwas Wichtiges zu zu sagen oder zu zeigen?"

„Das ist die allgemeine Dynamik – alles andere ist individuell unterschiedlich."

„Das leuchtet mir ein. ... Danke."

„Bitte."

„Ho!"

50. Element:

Ain Soph Aur

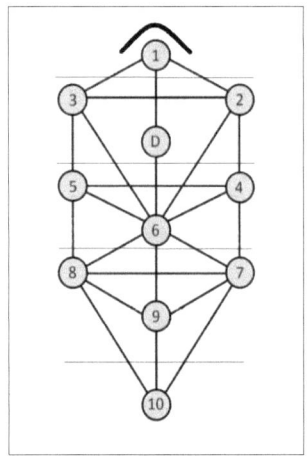

1. Traumreise   (Harry)

Hierhin bin ich noch nie gereist. ... Ich weiß nicht, was mich hier erwartet. „Ain Soph Aur" bedeutet „grenzloses Licht", was zunächst einmal wie eine Umschreibung des einheitlichen und ungegliederten gleißend-weißen Lichtes von Kether klingt. Den kabbalistischen Schriften zufolge soll „Ain Soph Aur" jedoch das Nichts sein, das vor dem Sein da war – also das, was vor der Schöpfung, d.h. vor dem Urknall war.

Was sehe und erlebe ich, wenn ich dorthin gehe? ... Oh – das ist Vielfalt, Buntheit, das sieht aus wie das Malkuth eines übergeordneten Bereiches. Das habe ich nicht erwartet, aber das ist logisch: Jedes System, das in sich einen vollständigen Lebensbaum trägt, ist ja irgendwann aus einem umfassenderen System heraus erschaffen worden. Man kann ja ein Haus als Lebensbaum darstellen und genausogut ein Auto oder einen Bienenvolk – und die sind ja alle irgendwann erschaffen worden.

„Ain Soph Aur" ist also das Ursprungs-System eines Lebensbaumes. Alle Systeme lassen sich als Lebensbaum darstellen – und alle derartigen Lebensbäume sind ja in unserer Welt erschaffen worden oder entstanden.

Wenn man das nun aufs Ganze sieht, stellt sich die Frage, was vor dem Urknall war. Ist unsere Welt aus einer umfassenderen, größeren Welt heraus als ein abgeschlossenes System erschaffen worden? Die Logik des Lebensbaumes läßt das vermuten – und es gibt ja inzwischen auch die verschiedensten Multiversum-Theorien, die im Grunde fast dasselbe sagen ...

... ...

„Kann mir da jemand etwas Hilfreiches dazu sagen oder zeigen?"

„Du bist in Deinem System in Deiner Welt – und da habt ihr als Menschheit auf der Erde schon genug Probleme – löst die erst einmal, damit ihr weiterexistieren könnt."

„Hm ... das heißt, Du meinst, ich solle diese Theorien und Visionen erst einmal auf sich beruhen lassen?"

„Du kannst sie ruhig erforschen, aber sie sind gerade nicht das Wichtigste."

„Ich kann auch nicht sehen, wie wir etwas herausfinden könnten über das, was vor dem Urknall war. ... Ja, Danke ... das war jetzt ja eine überraschende Erkenntnis. ... Danke."

„Bitte."

„Ho!"

Bücher von Harry Eilenstein

- The Synthesis of Physics and Magic (192 p.) - Telepathy for Beginners (60 p.) - Telepathy for Advanced Learners (52 p.) - Telekinesis for Beginners (56 p.) - Life Force for Beginners (76 p.) - Kundalini for Beginners (104 p.) - Astral Projection for Beginners (60 p.) - Meditation for Beginners (60 p.) - Prophecy for Beginners (60 p.) - Ritual Magic for Beginners (64 p.) - Magic Chant for Beginners (108 p.) - Invocations for Beginners (52 p.) - Evocations for Beginners (62 p.) - Auto-Movement for Beginners (60 p.) - Elves for Beginners (56 p.) - Hypnosis for Beginners (56 p.) - Love Magic for Beginners (52 p.)	- Money Magic for Beginners (60 p.) - Magic Objects for Beginners (64 p.) - Shamanism for Beginners (52 p.) - Chakra-Magic for Beginners (148 p.) - Language of the Moon – for Beginners (128 p.) - Self Knowledge for Beginners (60 p.) - Da'ath-Magic for Beginners (64 p.) - Astrology for Beginners (112 p.) - Number Symbolism for Beginners (64 p.) - Mandalas for Beginners (76 p.) - Crop Circles for Beginners (344 p.) - Feng Shui for Beginners (96 p.) - Magic Research for Beginners (140 p.) - Magic for Beginners – Anthology I (636 p.) - Magic for Beginners – Anthology II (616 p.) - Magic for Beginners – Anthology III (684 p.) - Magic for Beginners – Anthology IV (580 p.)

Religion allgemein
- Die sieben Schritte des Lebens (428 S.)
- Muttergöttin und Schamanen (168 S.)
- Totempfähle (440 S.)
- Der Urriese (168 S.)

Jungsteinzeit
- Göbekli Tepe (472 S.)
- Die Göttin von Göbekli Tepe (144 S.)
- Die Rituale von Göbekli Tepe (112 S.)

Ägypten
- Hathor und Re 1: Götter und Mythen im Alten Ägypten (432 S.)
- Hathor und Re 2: Die altägyptische Religion – Ursprünge, Kult und Magie (396 S.)
- Isis (508 S.)
- Ma'at (200 S.)

Christentum
- Christus (60 S.)
- Die Biographie des Teufels (144 S.)

Indogermanen
- Die Entwicklung der indogermanischen Religionen (700 S.)
- Wurzeln und Zweige der indogermanischen Religion (224 S.)

Griechen
- Pan (336 S.)
- Poseidon (668 S.)

Inder
- Dakini (80 S.)
- Vajra (76 S.)

Germanen
- Die Götter der Germanen (87 Bände – siehe nächste Seite)
- Odin (300 S.)

Kelten
- Cernunnos (690 S.)
- Taliesin (228 S.)
- Der Kessel von Gundestrup (220 S.)
- Der Chiemsee-Kessel (76)

Psychologie
- Über die Freude (100 S.)
- Das Geheimnis des inneren Friedens (252 S.)
- Das Beziehungsmandala (52 S.)
- Gefühle und ihre Verwandlungen (404 S.)
- einsgerichtet (140 S.)
- Liebe und Eigenständigkeit (216 S.)
- Von innerer Fülle zu äußerem Gedeihen (52 S.)

Heilung
- Die Symbolik der Krankheiten (76 S.)

Kunst
- Herz des Tanzes – Tanz des Herzens (160 S.)
- Die Wurzeln der Kunst (60 S.)
- Wege zur Musik-Improvisation (32 S.)

Drama
- König Athelstan (104 S.)

„Magie für Anfänger"

- Telepathie für Anfänger (60 S.)
- Telepathie für Fortgeschrittene (52 S.)
- Telekinese für Anfänger (52 S.)
- Analogien für Anfänger (56 S.)
- Omen und Orakel für Anfänger (52 S.)
- Lebenskraft für Anfänger (60 S.)
- Meditation für Anfänger (56 S.)
- Kundalini für Anfänger (100 S.)
- Hypnose für Anfänger (56 S.)
- Kampfmagie für Anfänger (172 S.)
- Auto-Movement für Anfänger (56 S.)
- Chakra-Magie für Anfänger (148 S.)
- Astralreisen für Anfänger (56 S.)
- Astrologie für Anfänger (120 S.)
- Astrologische Quadrate für Fortgeschrittene (72 S.)
- Silberschnüre für Anfänger (52 S.)
- Zaubersprüche für Anfänger (60 S.)
- Ritual-Magie für Anfänger (56 S.)
- Mandalas für Anfänger (68 S.)
- Geldzauber für Anfänger (56 S.)
- Liebeszauber für Anfänger (52 S.)
- Invokationen für Anfänger (52 S.)
- Evokationen für Anfänger (60 S.)
- Geister für Anfänger (52 S.)
- Elfen für Anfänger (56 S.)
- Magie-Forschung für Anfänger (140 S.)
- Magie-Romantik für Anfänger (60 S.)
- Selbsterkenntnis für Anfänger (52 S.)
- Einweihungen für Anfänger (60 S.)
- Drogen-Kabbala für Anfänger (216 S.)
- Zahlensymbolik für Anfänger (60 S.)
- Die Sprache des Mondes – für Anfänger (116 S.)
- Zaubergesänge für Anfänger (100 S.)
- Zukunftschau für Anfänger (60 S.)
- Schamanismus für Anfänger (52 S.)
- Schwitzhütten für Anfänger (52 S.)
- Magische Gegenstände für Anfänger (68 S.)
- Übertragungen für Anfänger (68 S.)
- Zaubertränke für Anfänger (64 S.)
- Magie-Gesten für Anfänger (252 S.)
- Da'ath-Magie für Anfänger (64 S.)
- Magie-Heilungen für Anfänger (68 S.)
- Kornkreise für Anfänger (348 S.)
- Feng Shui für Anfänger (96 S.)
- Tao für Anfänger (112 S.)
- Magie für Anfänger – Sammelband   I (696 S.)
- Magie für Anfänger – Sammelband   II (664 S.)
- Magie für Anfänger – Sammelband III (580 S.)
- Magie für Anfänger – Sammelband IV (700 S.)
- Magie für Anfänger – Sammelband   V (676 S.)
- Magie für Anfänger – Sammelband VI (640 S.)

„Traumreisen"

- Traumreisen zu Heilpflanzen (700 S.)

Magie

- Handbuch für Zauberlehrlinge (408 S.)
- Wie man das Pentagramm-Ritual zum Leben erweckt (308 S.)
- Tarot (104 S.)
- Physik und Magie (184 S.)
- Die Synthese von Physik und Magie (200S.)
- Die Magie-Formel (156 S.)
- Schwarze Löcher in der Magie (56 S.)
- Krafttiere – Tiergöttinnen – Tiertänze (112 S.)
- Schwitzhütten (524 S.)
- Mythen und Magie der Harfe (116 S.)
- Drei Adeptus Major Rituale (192 S.)
- Drei Adeptus Exemptus Rituale (120 S.)
- Zwei Infans Abyssi Rituale (128 S.)
- Die Magie der Propheten Elias und Elisa (96 S.)

Meditation

- Der Lebenskraftkörper (230 S.)
- Die Chakren (100 S.)
- Das Chakren-System mit den Nebenchakren (296 S.)
- Organe und Chakren (64 S.)
- Die platonischen Körper in den Chakren (156 S.)
- Meditation (140 S.)
- Drachenfeuer (124 S.)
- Kundalini I (676 S.)
- Kundalini II (672 S.)
- Reinkarnation (156 S.)
- einsgerichtet (140 S.)

Astrologie

- Astrologie (496 S.)
- Photo-Astrologie (428 S.)
- Die astrologischen Aspekte (88 S.)
- Horoskop und Seele (120 S.)

Kabbala

- Kursus der praktischen Kabbala (150 S.)
- Eltern der Erde (450 S.)
- Blüten des Lebensbaumes:
    - Die Struktur des kabbalistischen Lebensbaumes (370 S.)
    - Der kabbalistische Lebensbaum als Forschungshilfsmittel (580 S.)
    - Der kabbalistische Lebensbaum als spirituelle Landkarte (520 S.)
- Logik und Wirkung der Analogie (700 S.)

Eilenstein, Frater V.D., Knecht, Büdenbender

- Magie heute – Berichte aus der Praxis (288 S.)
- Living Magic (261 p.)

Büdenbender, Eilenstein

- Chaos, Alk und Magic (436 S.)

Die Themen der 87 Bände der Reihe „Die Götter der Germanen"

1. Die Entwicklung der germanischen Religion
2. Lexikon der germanischen Religion
3. Der ursprüngliche Göttervater Tyr
4. Tyr in der Unterwelt: der Schmied Wieland
5. Tyr in der Unterwelt: der Riesenkönig   Teil 1
6. Tyr in der Unterwelt: der Riesenkönig   Teil 2
7. Tyr in der Unterwelt: der Zwergenkönig
8. Der Himmelswächter Heimdall
9. Der Sommergott Baldur
10. Der Meeresgott: Ägir, Hler und Njörd
11. Der Eibengott Ullr
12. Die Zwillingsgötter Alcis
13. Der neue Göttervater Odin   Teil 1
14. Der neue Göttervater Odin   Teil 2
15. Der Fruchtbarkeitsgott Freyr
16. Der Chaos-Gott Loki
17. Der Donnergott Thor
18. Der Priestergott Hönir
19. Die Göttersöhne
20. Die unbekannteren Götter
21. Die Göttermutter Frigg
22. Die Liebesgöttin: Freya und Menglöd
23. Die Erdgöttinnen
24. Die Korngöttin Sif
25. Die Apfel-Göttin Idun
26. Die Hügelgrab-Jenseitsgöttin Hel
27. Die Meeres-Jenseitsgöttin Ran
28. Die unbekannteren Jenseitsgöttinnen
29. Die unbekannteren Göttinnen
30. Die Nornen
31. Die Walküren
32. Die Zwerge
33. Der Urriese Ymir
34. Die Riesen
35. Die Riesinnen
36. Mythologische Wesen
37. Mythologische Priester und Priesterinnen
38. Sigurd/Siegfried
39. Helden und Göttersöhne
40. Die Symbolik der Vögel und Insekten
41. Die Symbolik der Schlangen, Drachen und Ungeheuer
42.a Die Symbolik der Herdentiere I
42.b Die Symbolik der Herdentiere II
43. Die Symbolik der Raubtiere
44. Die Symbolik der Wassertiere und sonstigen Tiere
45. Die Symbolik der Pflanzen
46. Die Symbolik der Farben
47. Die Symbolik der Zahlen
48. Die Symbolik von Sonne, Mond und Sternen
49.a Das Jenseits I – Das Hügelgrab
49.b Das Jenseits II – Der Jenseitsweg
50. Seelenvogel, Utiseta und Einweihung
51. Wiederzeugung und Wiedergeburt
52. Elemente der Kosmologie
53. Der Weltenbaum
54. Die Symbolik der Himmelsrichtungen und der Jahreszeiten
55.a Mythologische Motive I
55.b Mythologische Motive II
56. Der Tempel
57. Die Einrichtung des Tempels
58. Priesterin – Seherin – Zauberin – Hexe
59. Priester – Seher – Zauberer
60. Rituelle Kleidung und Schmuck
61. Skalden und Skaldinnen
62. Kriegerinnen und Ekstase-Krieger
63. Die Symbolik der Körperteile
64.a Magie und Ritual I
64.b Magie und Ritual II
64.c Magie und Ritual III
65. Gestaltwandlungen
66.a Magische Angriffs-Waffen
66.b Magische Verteidigungs-Waffen
67. Magische Werkzeuge und Gegenstände
68. Zaubersprüche
69. Göttermet
70. Zaubertränke
71. Träume, Omen und Orakel
72. Runen
73. Sozial-religiöse Rituale
74. Weisheiten und Sprichworte
75. Kenningar
76. Rätsel
77. Die vollständige Edda des Snorri Sturluson
78. Frühe Skaldenlieder
79.a Mythologische Sagas I
79.b Mythologische Sagas II
80. Hymnen an die germanischen Götter